나만의
재테크를
부탁해

나만의 재테크를 부탁해

초 판 1쇄 2023년 06월 14일

지은이 류지혜
펴낸이 류종렬

펴낸곳 미다스북스
본부장 임종익
편집장 이다경
책임진행 김가영, 신은서, 박유진, 윤가희, 정보미

등록 2001년 3월 21일 제2001-000040호
주소 서울시 마포구 양화로 133 서교타워 711호
전화 02) 322-7802~3
팩스 02) 6007-1845
블로그 http://blog.naver.com/midasbooks
전자주소 midasbooks@hanmail.net
페이스북 https://www.facebook.com/midasbooks425
인스타그램 https://www.instagram/midasbooks

© 류지혜, 미다스북스 2023, *Printed in Korea*.

ISBN 979-11-6910-257-5 03320

값 18,000원

미다스북스는 다음세대에게 필요한 지혜와 교양을 생각합니다.

가 장 빨 리 1 억 만 드 는 자 동 화 의 기 적

나만의

류지혜 지음

재테크를
부탁해

초보도 한 권으로 끝내는, 일단 시작하면 저절로 되는 재테크 전략

미다스북스

"하루 3시간 도전으로 자수성가 부자가 되는 방법!"

안녕하십니까, '경제적자유연구소'를 운영하는 이승주 소장입니다. 20세부터 저는 부자가 되기 위해 펀드, 적금, 금 투자, 노점으로 도전하기 시작했습니다. 20세 무렵 −10% 수익률을 기록하던 금 투자는 저의 간담을 서늘하게 하였던 기억이 있습니다.

시골 촌놈이 처음으로 서울에 올라왔을 무렵, 저의 전 재산은 제가 직접 아르바이트해서 번 돈 50만 원이 전부였습니다. 태어나서 지금까지 용돈다운 용돈을 받지 못하고 자랐기 때문입니다. 저희 집은 가난했고, 대학 등록금은 어떻게 학교의 수준을 낮추면 갈 수 있었으나, 그 4년간 생활비는 또 부모님에게 부담이 될 것이 뻔했습니다.

그래서 저는 대학보다 창업을 선택하였고, 그때 당시 선택지였던 쇼핑몰 CEO가 되기로 마음을 먹게 되었습니다. 작디작은 시골에서는 성공할 수 없다고 생각했었기에, 아르바이트한 돈을 가지고 혼자 서울로 향했습니다.

처음 월 40만 원짜리 고시원을 잡았고, 원했던 쇼핑몰 회사에서의 취업이 이루어지지 않자 원단회사에라도 취직을 하게 되었습니다. 이때의 이야기가 저의 저서 『내 안의 요술램프를 깨워라』와 『하나님 사용설명서』에 잘 나와 있습니다.

20세 무렵, 저는 부자에 대한 열망이 있었고, 월급 세후 110만 원 가량을 받던 가난한 청년이었습니다. 20세 말부터 장사를 시작하였고, 22살 무렵부터 월 순익 1,000만 원을 벌게 되었고, 월 1억을 넘기고, 아직 부자는 아니지만 사랑하는 사람들에게 강이 보이는 아파트와 매달 용돈 1,000만 원씩을 주고 있습니다.

작년에만 해도 1억 가까운 돈을 재테크로만 벌었으며 투자한 시간은 며칠이 채 되지 않습니다. 물론 다른 사람들에 비해 많은 수치는 아니지만 투자한 시간 대비 효율적인 것은 분명합니다.

앞에서 설명한 바와 같이 제가 처음부터 재테크를 잘한 것은 아닙니다. 제가 처음 재테크를 하게 된 것은 바로 kwd-u2000 모뎀입니다. 저는 이 모뎀을 가지고 재테크를 했으며, 중고가 185,000원짜리 모뎀이 원래 공장에서 나올 때 2만 원 대에 나왔었는데 현재는 단종이 된 상태라 가격이 뛰어 있었고, 자세히 보니 똑같은 모뎀을 3~5만 원에 파는 사람들이 있다는 것을 알게 되었습니다.

처음에는 잘못 올린 것이 아닌가 싶었더니, 원래 휴대폰에도 유심칩이 없으면 작동을 안 하듯, 모뎀도 유심칩이 없으면 작동을 하지 못하는데 해당 3~5만 원짜리 모뎀 같은 경우는 유심칩이 없어서 제 구실을 하지 못해서 싸게 파는 것들이었던 것입니다.

저는 생각했습니다. 저 유심칩이 없어서 싸게 파는 모뎀들을 사서 유심 칩을 따로 사서 끼우면 돈을 벌 수 있겠구나. 유심칩이라 해봐야 얼마나 하겠냐는 생각을 했는데, 실제로 유심칩 가격만 중고로 3만 원씩에 거래가 되었고, 더 이상 새제품은 구매할 수 있는 곳도 없는 그런 상태였습니다.

그나마 누군가 팔고 있던 중고 유심칩들을 사서 끼워서 팔아봤지만, 그마저도 금방 물량이 없어져서 유심칩을 구할 수 있는 곳이 없어졌습니다. 그러기를 잠깐, 해당 유심칩이 통신사 본사에 요청하면 택배비 한 푼 도 받지 않고 우리 집으로 배송해준다는 것을 제가 최초로 알아내게 되 었습니다. 1번만 전화해도 무려 90만 원어치의 모뎀을 택배비 10원도 받 지 않고 무료로 배송해주었습니다.

그래서 저는 시중에 나와 있는 유심칩 없는 모뎀들을 싸그리 다 사서 저만의 방법으로 구한 유심칩들을 끼워서 팔았습니다. 3~5만 원을 들여서 185,000원씩에 팔았습니다. 그때 1달에 10일도 일을 하지 않고, 일하는 날은 1시간도 일을 하지 않았는데 월 400만 원을 벌게 되었습니다.

하지만 저는 문득 이런 생각이 들었습니다. 과연 이런 것을 재테크라고 할 수 있을까? 그랬던 것입니다. 제가 했던 재테크는 수익률은 높은데, 시간 투자를 계속해야 하니 그것은 재테크가 아니라 창업에 가까운 것이었습니다.

그래서 이때부터 재테크 자동화에 대해 연구를 해왔고, 실제 그런 것을 개발해냈습니다. 실제로 이를 통해 많은 분들이 돈을 벌고 있으며, 잔고가 0원인 통장부터 인증하여 효과를 보여주고 계신 분들도 많습니다.

하나의 예로 들자면 공부방 사업이 있는데 관리자를 둘 수 있다면 일반적인 월세를 받는 것 대비 같은 시간으로 더 많은 수익 가능성을 가질 수 있습니다. 저는 이러한 아이템들을 많이 개발해내었는데, 이 모두를 '경제적자유연구소'에서 공유를 하고 있어 가입하면 관련 문의를 할 수 있고, 실제 수익화한 투자 성공사례, 투자처 정보, VOD 등을 무료로 받을 수 있습니다.

제가 이 재테크를 공개하기 전, 원래 부동산 재테크가 최고라고 생각했으나, 그보다 더 효율적인 재테크 방법을 만들었습니다. 이 책에서 말하는 것들이 도움이 될 것입니다.

경제적자유연구소 소장 이승주

대한민국에서 살아감에 있어서 부와 권력이 최고가 될 수는 없겠지만, 그렇게 생각해서도 안 됩니다. 재테크라는 건 우리가 행복하게 살아가는 데 필요한 부분이며 중요하다고 생각합니다. 월급을 받고 생활비를 쓰고 남은 돈은 저축합니다. 물론 저축도 재테크라고 생각하겠지만 금리가 낮은 이 상황에서는 결코 효과적이지는 않습니다. 실제로 물가 상승으로 인해 월급은 같으며 써야 할 것은 많고 사실상 마이너스까지 오는 그러한 상황입니다. 지금부터라도 계획적이고 재테크에 흐름을 배워가며 앞으로 성공할 기회들은 많이 있습니다. 이런 좋은 시기를 놓치지 마시고 뒤처지지 말고 효율적으로 생각하셔야 합니다. 이 책에 재테크에 대해 순차적으로 담았으니 꾸준히 노력하며 시작한다면 충분히 남은 삶을 행복하게 보낼 수 있습니다. 재테크라는 단어에 생소함을 느끼고 어려움을 느끼는 분들이 많다고 생각합니다. 재테크는 어렵고 복잡하게 느껴질 수도 있지만 의외로 어린 나이에 시작하는 분들도 많고 자본을 모아 몇

배로 성공한 사람들이 많습니다. 재테크는 의무는 아니겠지만 그저 누구보다 행복하고 성공하고 싶은 과정이라고 생각합니다. 본론으로 들어가자면 재테크 자동화는 재테크 활동을 자동화하는 것을 의미합니다. 이는 자동화된 시스템을 사용하여 재테크를 관리하고 수행하는 것을 말합니다. 재테크 자동화는 다양한 방법으로 시도와 도전을 할 수 있게끔 이루어질 수 있는 방법들이 있습니다. 예를 들면, 자동으로 예산을 작성하고 지출을 관리하는 자동 예산 소프트웨어를 사용하는 것이 있습니다. 또한, 자동으로 금융 계좌를 모니터링하고 자산을 관리하는 자동 포트폴리오 관리 시스템을 사용하는 것도 재테크 자동화의 한 예입니다. 직접 하나하나 신경 쓰면서 고민할 필요는 없다고 생각해요. 바쁜 일상에서 시간이라는 건 소중하잖아요. 친구들 만나느라 지인들 만나느라 촉박한 바쁜 현대인 생활에서 하루 2~3시간만으로도 충분히 자동으로 돈을 벌게 해줄 수 있는 그 역할을 해주고 있습니다. 재테크 자동화는 시간과 노력을 절약하고 효율성을 높여줄 수 있습니다. 또한 투자에 관련된 경우에도 재테크 자동화가 많이 사용됩니다. 트레이딩 시스템을 통해 자동으로 주식이나 암호화폐를 거래하는 것 등을 통해 자동으로 투자 결정을 내리는 등의 방식으로 투자를 자동화할 수 있습니다. 요즘 너나없이 재테크에 관심이 많습니다. 그렇다 보니 서로 재테크에 대한 생각이나 방법을 공유하고 교류할 기회가 많습니다. 하지만 재테크를 시작하기 전부터 어려움을 느끼는 분도 계실 거라 생각합니다. 당연히 두렵고 아무것도 모르는 상태에서 시작하지만 점차 방법을 터득하게 될 것입니다. 책을 쓰면서 어떻게 하면 여러분들께 쉽게 다가갈 수 있을지 고민을 많이 했습니다. 제가 가장 중점을 둔 것은 여러분께 재테크에 대해 쉽게 전달하는 방법이었습니다. 재테크에 대해 고민하시는 분 어려워하신 분들 그렇게 고민할 필요가 없습니다. 이제 자동화 재테크에 대해서 알아볼까요?

3장) 재테크 자동화 이렇게 하라!

4장) 바닥에서 시작하는 재테크 자동화의 기초

5장) 삶이 힘들수록 재테크 자동화가 답이다

1장

우리가 재테크를
해야 하는 이유

1

열심히 일만 하면 부자가 못 되는 이유

열심히 일하고 아끼는 것만이 정답일까?

우리는 저마다 맡은 일에 최선을 다하며 살아가고 있다. 부장님께서 부탁하신 서류가 있다면 재빠르게 움직이고, 내가 맡은 업무가 끝나지 못했다면 야근까지 해 가면서 말이다.

'열심히 하면 언젠가는 알아주겠지.', '열심히 하면 하루빨리 승진할 수 있겠지.'

그렇다면 묻고 싶은 말이 있다. "지금처럼 계속 열심히 살아간다면, 당신의 삶을 바꿀 수 있다고 생각하는가?"

아쉽게도 아니다. 우리가 살아가는 자본주의 사회에서는 열심히 산다고만 해서 삶이 절대 바뀌지 않는다. 지금까지도 충분히 경험해 보지 않았는가. 가까운 주변만 보더라도 30년 혹은 40년 넘게 땀 흘리면서 열심히 살았지만, 10년 전 모습이나 20년 전 모습이나 크게 변화된 것이 없는 사람이 많다. 대표적인 예로 우리 아버지가 계신다. (절대 무시하거나 업신여기는 것은 없다. 항상 존경하고 대단하신 분이라고 생각한다). 우리 아버지는 30년 넘게 공무원 생활을 하고 계신다. 현재는 과장님으로 계시며 그 밑으로 직원들을 관리하고 있으시다. 언뜻 보기에는 정말 대단한 것 같고, 부모님의 직업이 공무원이라고 했을 때 사람들의 반응은 좋았다. 안정적이고, 퇴직하면 공무원 연금이 나오니 말이다.

하지만 내가 바라봤던 아버지는 인격적으로는 너무 좋으신 분이시지만, 그렇다고 그 길을 따라가고 싶진 않았다. 그 이유는 간단하다. 내가 생각하기에 지금 아버지는 직위와 월급은 조금 올랐을지라도, 현재의 삶이 부자라고 느껴지진 않기 때문이다.

어렸을 때부터 갖고 싶은 물건이 있어서 말씀드리면 꼭 하시는 말씀이 있었다. "돈 없어." (물론 결국에는 사주셨지만, 돈 없다는 말은 빠지지 않으셨다). 우리 아버지뿐 아니라 보통 대부분의 사람 역시 열심히 일하고 아끼는 것만이 정답이라고 생각한다. 티끌 모아 태산을 이루는 것은 맞기에 아끼고 살아가는 것은 맞다. 하지만 열심히 일만 해서는 절대 부자가 될 수 없다는 것이다.

다시 말해서 지금 하는 노력은 절대 부자가 되기 위한 노력이 아니다. 부자가 되기 위한 노력은 단순히 돈을 덜 쓰고 많이 저축하는 정도로는 절대 불가능한 영역이다. 만약 그게 정말 정답이라면 지금 사회는 부자로 가득 차며, 건설 현장에서 구슬땀을 흘리며 일하는 노동자가 가장 큰 부자가 돼야 하는데 꼭 그렇지는 않으니 말이다.

돈이 돈을 굴리는 구조를 만들어라

세상에 돈 벌 수 있는 방법은 3가지로 추려 볼 수 있다. 내가 직접 노동을 해서 시간과 맞바꾼 근로소득, 특정한 사업을 운영하며 창출하는 사업소득, 내가 보유한 자산을 이용하여 창출하는 금융소득으로 말이다.

일반적으로 아르바이트를 하거나 직장인 같은 경우가 근로소득으로 버는 것이다. 내가 노력한 만큼 꾸준하게 돈을 받을 수 있고 한 만큼 바로바로 보상이 따른다는 장점이 있지만, 받을 수 있는 돈의 상한선이 분명하고, 일을 그만두게 된다면 수입도 없어지게 된다는 단점이 있다.

두 번째, 사업소득이다. 근로소득처럼 정해진 날에 월급처럼 들어오기 어렵다는 단점이 있지만, (사업마다 조금씩 차이는 있겠지만) 잘 된다면 대기업을 다니면서 받을 수 있는 연봉보다 훨씬 더 많은 돈을 벌 수 있다는 장점이 있고, 내가 일하지 않아도 쉬거나 잠자고 있는 시간에도 돈을 벌어다 줄 수 있는 구조라는 장점이 있다.

세 번째, 금융소득이다. 이자 소득이나 배당소득을 뜻하는 말로, 이 역시 사업소득과 마찬가지로 매달 정해진 날에 월급처럼 들어오는 것은 어렵지만, 시간이 지날 때마다 수익을 발생시킬 수 있으며, 일하지 않아도 돈이 돈을 벌어다 주는 구조라는 장점이 있다.

자 그렇다면 여기서 우리가 지금까지 '열심히' 해왔던 길은? 바로 근로소득을 위한 것이다. 회사는 단지 나의 시간을 돈 주고 샀고, 나는 회사를 위한 소비자일 뿐이다. 지옥철을 견뎌내며 하기 싫어도 일하며 살아가는 것도 내가 아닌 다 회사를 위한 것이다. 업무의 전문성과 열정적인 노력은 회사가 기대하는 사항일 뿐 그것이 성공을 위한 사다리 꼭대기까지 올려주지는 못한다.

그렇기에 우리가 진정으로 부자가 되고 싶다면 먼저 자기 자신을 살펴볼 필요가 있다. 내가 현재 하는 일을 계속하였을 때, 5년이나 10년 뒤의 나의 모습이 기대가 안 된다면, 우리는 인생을 바꿔 더 좋은 방향으로 갈 수 있는 방법을 찾아야 한다.

단지 근로소득에만 안주하면 절대 우리는 변화될 수가 없다. 열심히 일만 한다고 해서 절대 부자가 될 수 없다. 우리는 사업소득과 금융소득처럼 돈이 돈을 굴려주는 구조를 만들어야 한다.

유명한 부자 워런 버핏과 미국 석유 사업가 존 데이비슨 록펠러는 말하였다.

"만약 잠자는 동안 돈 버는 방법을 찾지 못한다면 우리는 죽을 때까지 일해야 할 것이다."

"진정 부유해지고 싶다면 소유하고 있는 돈이 돈을 벌어다 줄 수 있도록 하라."

이 책은 돈이 돈을 벌어다 주는 유일무이한 방법을 다뤘다. 근로소득만으로는 살고 먹기 힘든 직장인이나, 사업을 하고 싶지만 어디서부터 해야 할지 모른 사람, 투자를 어떻게 해야 할지 모르는 사람 모두 상관없다. 20대부터 70대까지 성별 상관없이 그 누구나 할 수 있다.

속도보다 중요한 것이 방향이다. 아무리 빨리 간다고 하더라도 올바른 방향이 아니라면 무용지물이다. 그렇기에 먼저 부자가 되기 위한 방향을 찾고, 열심히 사는 것은 그다음 일이다.

우리는 누구나 부자가 될 수 있고, 충분한 자격을 가진 사람이다. 똑같은 시간이 주어졌지만, 이 시간을 어떻게 활용하냐느에 따라 부자와 가난은 나뉜 것이다. 미래는 과거와 현재가 만들어낸 나의 모습으로, 미래에 부자가 되길 원한다면, 과거는 바꿀 순 없어도 현재는 바꿀 수 있다. 그렇기에 먼저는 나를 살펴보고, 자신에 대한 믿음이 중요하다. 부자는 절대 금수저나 건물주만 가능한 것이 아닌 나도 가능하다는 것을 말이다.

부자 마인드를 장착하라

내가 재밌게 읽었던 책 『백만장자 시크릿』에서 나오는 부를 창출하는 데 가장 기본이 되는 공식이 있다.

* T → F → A = R

(T- Thoughts, F-Feelings, A-Actions, R-Results)

"생각이 감정을 낳고, 감정이 행동을 낳고, 행동이 결과를 낳는다."

이 공식처럼, 그 무엇보다 먼저 '나는 부자가 될 수 있는 사람이다.'라고 생각하며 믿고 행동한다면, 부자라는 결과를 얻을 수 있다고 말하고 있다. 하지만 대부분은 쉽게 무너진다. 몇 번의 좌절을 겪으면 "역시 난 안 돼."라는 생각이 굳어지기 때문에, 자기 자신을 믿는 것은 어렵다. 나 역시 그랬다.

하지만 부자들의 마인드는 다르다. "저 사람도 부자가 됐는데 왜 난 안 돼."라며 반문한다. 이게 부자들과 우리들의 가장 큰 차이다. 그래서 부자가 되기 위해 모인 우리가 먼저 할 일은 "나는 내가 잘 되게 만들 거니까 성공할 것이다."라는 마인드를 장착해야 한다.

성공한 사람들은 성공한 사람들에게서 배우듯이, 부자가 되고 싶으면 부자를 목표로 해야 한다. 난 부자가 될 수 있고, 부자가 될 만한 자격이 충분한 사람이라고 확신하는 것이다.

돈에 대한 당신의 생각이 당신의 경제적인 미래를 결정하듯, 부자 역시 마찬가지다. 돈은 결과다. 부자 역시 결과다. 나의 건강도 몸무게도 다 원인이 있기에 가능한 결과치다.

반대로 말하면 돈이 없다는 것 역시 결과다. 잘 자란 나무는 보이지 않는 길고 튼튼한 뿌리가 있고, 나무에 매달려 있는 달콤한 열매는 나무 아래의 비옥한 토양이 만들 듯이, 세상일은 보이지 않는 부분이 보이는 결과를 만든다.

이처럼 부자가 되는 결과는 보이지 않는 내면의 준비로부터 시작된 것이다. 아무리 많은 돈이 생기더라도 내적으로 준비가 되어 있지 않는다면, 금시에 사라지고 기회 역시 사라지고 말 것이다.

그렇기에 부자가 되긴 글러 먹었다는 그런 나약한 생각은 집어던지고, 열심히 일했지만 부자가 되지 못한 당신이라면, 먼저는 부자를 목표로 하고 부를 긍정해야 한다. 그리고 이 책에서 소개하는 재테크 자동화 방법으로 돈이 나를 위해 일해주는 구조를 만든다면, 인생은 변화될 것이라고 확신한다.

2

경제적 자유를 얻어야 하는 이유

정년 은퇴가 아닌 파이어족을 꿈꿔라

최근 MZ세대(1980년 초~2000년 초 출생한 밀레니얼 세대와 1990년대 중반~2000년대 초반 출생한 Z세대를 통칭하는 말)에서 '파이어족'을 꿈꾸는 이들이 늘어나고 있다.

여기서 '파이어족'의 파이어 (FIRE)란 '경제적 자립, 조기 퇴직'(Financial Independence, Retire Early)의 첫 글자를 따 만들어진 신조어로, 30대 말이나 늦어도 40대 초반까지는 조기 은퇴를 목표를 두고 살아가는 것을 말한다. 그렇다면 왜 정년 60세까지 다니지 않고, 조기 은퇴 후 경제적 자유를 얻으며 살아가려는 이유는 무엇일까. 많은 이유가 있겠지만, 먼저는 자유, 그리고 행복이라고 본다.

경제적 자유를 얻으면 자연스레 따라오는 건 시간적 자유이다. 굳이 의지와 상관없이 '돈' 때문에 다녔던 회사에 시간을 쏟을 필요가 없어지며, 그 시간에 정말 내가 하고 싶었던 일 여행이 될 수도 있고, 취미 생활이 될 수도 있고, 특히나 '돈'이 목적이 아닌 어렸을 때부터 꿈꿔왔던 꿈을 이뤄나가며 더 많은 경험을 쌓아나갈 수 있다. 그렇게 되면 회사에서 받던 관계에 대한 스트레스, 업무에 대한 스트레스는 자연스럽게 사라지고, 조금 더 행복한 삶을 누리며 살아갈 수밖에 없다.

이제는 100세 시대를 넘어 120세 시대이다

그만큼 직책과 직급도 중요하지만, 그보다 더 중요한 것이 노후와 행복 그리고 나를 지키는 것이다. 직책과 직급? 지금까지 열심히 노력해왔던 나를 보여주는 것이기에 중요하다. 하지만 아무리 높은 자리에 올랐어도 행복하지 않다면 과연 의미가 있을까. 그리고 무엇보다 우리 몸은 영원할 수 없다. 점점 쇠하고 병들어 가는 상황이 찾아올 수밖에 없다. 몸이 안 좋아서 일하지 못하는 처지에 놓였을 때도 나의 명예가 나를 살려줄 수 있을까. 절대 아니다. 그렇기에 우리의 나이가 30대든, 50대든 경제적 자유를 얻는 것은 우리에게 주어진 숙제와 같다. 다만 누가 더 먼저 하냐의 싸움이다.

어차피 숙제해야 하는 거 좀 더 빨리 끝낸 사람이 자유롭게 살아가는 것처럼, 우리 역시 가능하다면 하루라도 빨리 경제적 자유를 이룰수록 좋다. 30대에 이루는 것과 70대에 이루는 것은 삶 자체가 다르니 말이다. 하지만 40대 50대여도 절망할 필요가 없다. 더딜지라도 우리에게 주어진 숙제를 다 하는 게 목표니까.

만약 우리가 아무 준비도 하지 않은 체 60세가 되어 퇴직하게 된다면, 우리는 그때 받는 퇴직금으로 다시 새로운 일을 시작해야 한다. 그렇다면 내 삶에 온전히 집중하고 알아가는 시간은 얼마나 될까? 우리는 안정적으로 들어오는 월급에 취해 정작 '나'라는 사람에 대해 제대로 알지도, 알아 가려고 하지도 않는다. 내가 무엇을 좋아하는지, 내가 무엇을 원하는지 말이다. 마치 꿈을 잊는 대가로 주는 마약 같은 존재처럼 말이다. 하루 3분의 1 동안 주어진 일만 잘하면 월급을 받고 다른 그 무엇도 생각하지 않아도 되기 때문에. 잘못된 것이 아니라 정직한 것이다.

하지만 사람마다 생각이 다르듯이, '나'라는 사람을 아는 것보다 돈을 더 중요하게 생각하는 사람이 있을 수 있다. '하루라도 젊을 때 더 벌어야지.'라는 마음으로 말이다. 그래서 많이 택하는 게 투잡으로 물류센터나 배달업이다. 정말 대단하다. 직장을 다니며 힘들었을 텐데, 방전된 체력으로 또 다른 일을 해 나가니 말이다.

물론 체력이 건강할 때, 많은 부를 쌓아서 그 돈으로 투자해 경제적 자유를 얻을 수도 있다. 하지만 금수저는 그렇다 치고, 자수성가 부자가 되신 분 중에 수당이 세다고 물류센터에서 일하는 거 보았는가? 부자가 되려면 돈이 많아야 하니까 근로소득을 하나 더 늘려서 부를 창출하기 위해 노력하는 거 보았는가? 절대 아니다. 단지 근로소득을 넓힌다고 해서 부를 이룰 수 있다고 절대 생각하지도 않는다. 그리고 오히려 몸과 마음을 더 소중히 여기며, 가족들과 시간도 자주 보내고, 취미활동도 하며 여행도 자주 다닌다. 근로소득이 아닌 사업소득이나 금융소득으로 부를 축적해 나가면서 말이다.

진정한 부자는 시간은 없지만, 돈만 많은 사람이 아닌 시간과 돈이 많은 사람이다. 아무리 돈을 많이 번다고 하더라도, 그 돈을 위해 많은 시간을 할애해야 한다면, 그것은 단지 돈 버는 노예와 다를 것이 없지 않겠는가. 단지 시급이 좀 더 높은 노예로 말이다.

우리는 절대 근로소득만으로는 경제적, 시간적 자유를 얻을 수 없다. 어쩌면 우리는 어렸을 때부터 알고 있을지도 모른다. 그 이유는 우리의 중·고등학교 때를 기억해보면, 항상 적는 것이 있었다. 바로 장래 희망이다. 선생님부터 과학자, 의사 등 정말 다양하게 나왔지만, 내 친구 중한 명은 돈 많은 백수라고 적었던 것이 아직도 기억이 난다. 분명 선생님께 야단을 맞았지만 말이다.

그 친구에게는 꿈이 없어서 그렇게 적은 걸 수도 있겠지만, 어떻게 보면 그 친구 눈에는 일하는 사람들의 표정과 눈, 행동을 바라봤을 때 행복해 보이지 않았을 수도 있고, 자신의 공부를 할 때 힘들어서 그런 생각을 했을 수도 있다. 하지만 확실한 건, 돈 많은 백수다. 시간적 경제적 자유를 누리면서 살기를 바란다는 것이다. 나는 그럴 때마다 생각하는 것이 있다. 국어, 영어, 수학, 사회, 과학만 배우는 것이 아니라 투자, 창업, 사업을 가르쳐 주거나 아니면 내가 원하는 것을 알아갈 수 있는 진로 체험 같은 길을 많이 열어 줬으면 좋겠다고 말이다.

사람마다 주어진 달란트가 다 다르지 않은가

공부를 잘하는 사람, 체육을 잘하는 사람, 미술을 잘하는 사람 각각 가지고 있는 재능들이 다양한데 똑같은 시간에 똑같은 수업을 들으며 공부하는 게 과연 맞는 건지 말이다. (하지만 아쉽게도 나에게는 권한이 없으니 이렇게 책을 통해 소심하게 발언한다.)

그렇게 정해진 타이틀에 맞춰 고등학교 졸업 후 대학교를 가게 되는데, 다양한 전공을 선택할 수 있다. 하지만 문제는, 원하는 전공을 찾아서 그 길로 나아가는 사람도 있겠지만, 일부에 불가하다. 대부분의 사람들은 고등학교 성적에 맞춰서 대학교를 간다. 그리고 맞지 않다고 생각이 들면, 편입을 하거나 졸업 후 다른 전공으로 나아간다는 것이다.

물론 가는 길에 있어 나에게 맞지 않는 길이라는 것을 알고 유턴해서 다시 시작한다는 것은 대단하다. 하지만 조금만 더 빨리 깨닫고 시작했더라면 시간은 더 아낄 수 있지 않았을까.

시간은 정말 소중하다. 다시 돌이킬 수 없을 만큼 말이다. '내가 20대 때로 돌아간다면', '내가 5년만 젊었어도'라고 종종 어른들이 말씀하신다. 하지만 한번 지나간 시간은 돌아오지 않는다. 시간은 금이라는 말이 있지 않은가. 황금과 견줄 정도로 소중한 것이라는 뜻을 담고 있지만, 그만큼 진짜 돈과 같은 경제적 가치도 지니고 있다. 다시 말해 시간과 돈을 맞바꿀 수 있다는 말이다.

우리가 흔히 아는 편의점 같은 경우에는 손님이 있든 없든 그 자리를 지키고 있으면 시간당으로 급여를 받고, 주차장에 차를 세워두는 것 역시 정차되어 있지만, 그 시간에 따른 값을 치러야 한다. 시간에 따른 댓가를 치르는 곧 시간은 돈이다.

시간은 아이에게나, 어른에게나, 한국인이나 미국인이나 똑같은 속도로 흘러간다. 하루는 24시간. 1,440분, 86,400초로 환산된다. 그렇다면 매일 아침 사람들의 통장에 86,400원씩 입금이 되는 것처럼 모든 이에게 똑같이 주어지는 소중한 자원이다.

어제와 오늘은 같은 24시간이지만 다른 시간이다. 어제 6시와 오늘의 6시는 다른 6시일 수밖에 없다. 절대 한번 지나간 시간은 다시 돌아오지 않는다. 예금처럼 흘려보내고 싶은 시간은 저축하고 꺼내 쓸 수는 없지만, 주어진 시간을 어떻게 보내느냐에 따라 우리는 변할 수 있다. 똑같이 주어진 시간 속에 잘 활용하는 사람만이 성공하며 경제적 시간적 자유를 이룰 수 있다. 돈 걱정 없이 내가 원하는 것을 도전하고 또 다른 나로 살아갈 수 있는 삶 말이다.

국제유가가 오르든 내리든, 공공요금과 물가가 오르든 내리든, 내가 사고 싶은 게 있으면 사고, 먹고 싶은 게 있으면 먹을 수 있는 자유를 얻기 위해서는 먼저 경제적 자유를 이뤄야 한다. 이제 더 이상 선택의 문제가 아니다. 우리의 소중한 삶을 지키기 위해서 반드시 달성해야 하는 목표이다.

먹고살기 위해서가 아니라 죽기 살기 위해서가 아니라 더 나은 삶을 위하고 더 나은 가치를 위해 도전해 나갈 수 있는 환경이 이루어질 수 있도록 꼭 필요하다.

3

자수성가 부자가 되는 유일한 길

자수성가 부자가 되기 위해서는 취업이 아닌 창업을 해야 한다

우리는 과거 산업화 이후, 사회는 빠르게 발전해 나가고 있다. 하지만 산업화에서 있어 필요한 인재는 회사에서 소속되어 일할 노동자였다. 소수의 몇몇 창업자가 시스템을 만들면 그 안에 소속되어 일할 노동자가 필요했는데 그 노동자는 일명 '회사형 인간'이라 불렀다. 그런 회사형 인간들이 모여 산업화 현장은 빠르게 발전할 수 있었고, 그로 인해 사회 역시 빠르게 발전해 나가고 있다.

그러면서 중요해진 것은 바로 교육이었다. 공장에서 똑같은 물건을 복제해 나가듯, 경제 발전을 위해 더 많은 회사형 인간들은 필요했고, 그러한 사람들을 위한 교육을 하기 시작했다. 그래서 공교육이나 사교육에서 공장 속 부품 같은 회사형 인간을 빠르게 만드는 교육이 자리 잡은 것이다.(만약 대부분의 사람들이 주도적으로 창업하는 교육을 받았다면, 사회는 이렇게 발전하지 못했을 것이다.)

하지만 이제는 더 이상 회사형 인간을 필요로 하지 않는다. 경제, 기술, 사회의 발전 속도가 빨라짐에 따라 교육을 그 변화를 따라가지 못하고 뒤처져 있다. 그럼에도 불구하고, 우리는 여전히 틀에 박힌 회사형 인간을 만드는 교육을 하고 있다. 그래서 우리는 오랜 시간 그렇게 회사형 인간으로 자라도록 교육을 받았기 때문에 창업을 쉽게 하지 못하는 것이다.

하지만 최근 많은 회사에서는 회사형 인간 말고 창의력이 뛰어나고 도전정신이 강한 창업형 인간을 필요로 한다. 그래서 회사는 구인난이고, 젊은이들은 구직난에 시달리는 웃지 못할 상황이 일어나고 있다.

그럼 앞으로 사회는 점점 어떻게 변할까? 일단 '취업'이라는 형태의 계약 방식은 점차 사라질 것이다. 그만큼 개인 역량과 그 역량을 직접 세일즈하고 마케팅해서 판매할 수 있는지 중요해질 것이다.

이는 구본형 선생님의 『그대 스스로를 고용하라』라는 책에도 잘 나와 있다.

"진정한 실업은 지금 봉급을 받을 수 있는 일자리를 가지지 못한 것이 아니라, 미래의 부를 가져다줄 자신의 재능을 자본화하지 못하는 것이다."라고 말씀하셨다.

'회사형 인간'이 될 이유가 사라진 지금 우리는 스스로를 고용해야 한다. 전화기를 만드는 업체들이 스마트폰이 개발된 뒤 전화기만 고집하다가 서서히 없어진 것처럼 낡은 프레임에 갇힌 노동자들은 점차 도태될 것이다. 그렇다면 '회사형 인간'에서 벗어나 창업형 인간으로 되려면 어떻게 해야 할까?

첫 번째 해야 할 일은 창업은 거창한 일이며, 리스크가 엄청나고 위험해 아무나 할 수 없는 것이라는 구시대적 편견을 깨버려야 한다. 창업은 회사를 차리는 것이 아니라, 단지 내가 스스로 나의 직업을 만들어서 소득 활동을 하는 것을 의미한다.

남의 관점이 아닌 나의 눈으로 세상을 보고, 남의 관념이 아닌 나의 머리로 세상을 살아가는 것이 창업이다. 요즘 들어 많이들 하는 유튜브, 인스타, SNS에 올릴 콘텐츠를 만드는 일이 밤새워서 할 만큼 재미있고 의미 있다고 생각이 든다면 그것도 창업이다.

어렵게 생각하지 마라

자신이 미쳐 있고 즐기는 일인 '업'을 하는 것이 창업이다

그리고 새로운 일을 하는 것이 아니라 기존의 일들을 재조합하는 거 역시 창업이다. 예로는 애플의 아이폰은 후발주자였는데도, 수많은 앱이 있는 앱스토어와 결합하여 성공하였다. 어떻게 보면 남들이 만들어 놓은 것을 가져다가 새로운 조합을 만들어 낸 것이다.

이에 따른 대표적인 창업 성공사례 2가지를 말해 보겠다.

첫 번째 창업 성공사례는 반짝이는 샛별 배송 마켓컬리이다. 보통 주문하면 아무리 빨라도 2일 내로 받던 택배 시간을 반나절로 혹 단축시킨 아이디어다. 창업을 준비하며 갓 신혼생활을 하던 마켓컬리 창업자 김슬아 대표님은 바쁜 일상에서 신선한 농수산물을 고르고 주문하는 데 어려움을 느꼈다고 했다. 그래서 직접 엄격하게 검수한 식료품을 밤 11까지 주문하면, 다음날 아침 7시까지 집으로 빠르게 받아볼 수 있는 새벽 배송 서비스를 런칭하여 바쁜 현대인의 니즈를 저격했다.

평소 본인을 니즈가 많은 소비자로 생각하고 있었고, '나 대신 누군가가 알아서 좋은 상품을 고르고 집 앞까지 배달해주면 얼마나 좋을까?'라는 생각에서 착안한 것이 마켓컬리의 시발점이 되었다.

그리고 두 번째 창업 성공사례는 카카오톡이다. 지금은 5,000만 명이 넘게 사용하는 카카오톡이 처음에는 문자 쓰지 왜 굳이 데이터를 사용하냐, 무료로 제공해서 수익은 어떻게 발생시키냐 등의 우려가 있었으나, 현재 갖가지 생활과 관련된 사업이 나오고 선방하고 있는 국민 커뮤니케이션 앱이 되었다.

카카오톡 창시자 김범수 대표님은 인터넷이 많이 보급되지 않고 컴퓨터 장비가 고가였던 시절, PC통신을 기반한 그룹 채팅을 경험한 후 삼성 SDS에 입사하여 흔히 다룰 수 없었던 고가의 컴퓨터 장비를 많이 접할 수 있었다고 한다. 그러면서 프로그래밍의 독학으로 익혀 유니텔 개발 참여로 이끌어 가게 되었는데, 유니텔 팀에 있으면서 PC통신 시장의 흐름을 발 빠르게 파악할 수 있었으며, 이 흐름을 보던 중 인터넷과 게임의 결합이 떠올랐다고 한다. 하지만 본인의 꿈을 회사에서 받아주지 않자 사표를 내고 창업한 것이 한게임이다. 이런저런 일들을 겪고 시장을 기민하게 읽고 미래를 통찰하던 그는, 피처폰에서 스마트폰으로 넘어가는 변화를 감지하고 이를 바탕으로 2009년 개발자를 모집하여 모바일용 앱 시장에 집중하게 되었다. 결구 시행착오 끝에 카카오톡을 만들었으며, 이 앱은 문자라는 기능이 있음에도 현재 우리가 일상적으로 사용하는 국민 소통 수단이 된 것이다.

위 두 사례를 보고 느낀 것은 무엇인가. 아직도 저 사람들은 특출한 능력이 있기 때문에 가능한 것이고, 나는 가진 것도 없고, 자신이 없기 때문에 아무것도 할 수 없다고 생각하는가.

절대 아니다. 두 사례에서 볼 수 있었던 창업가의 태도는 시장에 예민하게 반응하고 이를 구체화하는 것, 소비자의 니즈를 구체적으로 파악하고 사업화로 이끈 것과 동시에 본인이 생각한 것을 이루기 위해 끊임없이 분석하고 노력했기 때문에 좋은 성과를 이룰 수 있던 것이다.

우리도 충분히 할 수 있다. 창업을 너무 거창하게만 생각할 필요가 없다.

스티브잡스처럼 창의적이고, 김슬아 대표님이나 김범수 대표님처럼 사업을 크게 할 수 있으면 물론 좋겠지만, 우리는 누구나 스티브잡스가 될 수 없다. 그것은 100만 분의 1의 확률이다. 이 로또보다 작은 확률에 내 던져질 수는 없다.

우리가 걱정하지 않아도 저 100만 분의 1의 확률을 뚫게 될 창업자들은 혼자 알아서 극한의 상황을 뚫고 나오게 되어있다. 사실 저런 큰 창업가들은 우주의 기운도 필요하고, 어마어마한 지원자들도 필요하며, 그 시대적 환경 및 수백만 가지 요소가 복잡 미묘하게 이루어지게 된 것이다. 그렇기 때문에 논외로 하고 시작해야 한다. 즉 우리는 작은 사업에 집중

해야 한다. 그리고 그 작은 사업을 키워야 큰 사업을 만들 수 있다.

기초 공사가 튼튼하지 않으면 언젠가는 무너지기 마련이다. 큰 부를 이루고 싶은 마음은 알지만, 하나하나 차근차근 쌓아가지 않으면 다시 원점부터 시작해야 한다는 것을 잊지 말아야 한다. 그렇기 때문에 먼저는 큰 고객을 타깃으로 삼기보다는 작은 집단을 대상으로 삼아야만 이길 확률이 높아진다. 넓은 고객층을 삼을수록 대기업이나 중견기업과 경쟁을 하게 되어 있는데 그렇게 되면 제품 기획력에서도 밀리고, 시장조사에서도 밀리고, 제품 개발에서도 밀리며, 마케팅에서까지 밀려 그야말로 무조건 실패한다.

우선은 작은 영역에서 시작하여 그 작은 집단이 필요로 하는 니즈를 발견하고, 그 니즈를 충실하게 만족시키다 보면 고객들은 감동하게 되어 있다. 그 작은 시장을 접수하고, 시장의 왕이 되면 된다. 그렇게 계속하다 보면 인지도가 쌓이고, 충성고객도 쌓이며, 자금이 확보되는데 이 자금으로 더 키워가면 되는 것이다. 그리고 점진적으로 인접 시장을 확대해 나가면 되는 것이다. 땅따먹기와 비슷하다.

그리고 제품이 지속적인 작은 업그레이드가 가능해야 한다. 제품을 지속적으로 작은 수정을 할 수 없다면 당연히 경쟁자에게 바로 압도당할 수밖에 없다. 작은 수정으로 태산도 움직일 수 있고, 큰 기업도 이길 수 있는 것이다. 기업이 앞으로 나가지 못하는 이유 역시, 작은 수정조차 하지 않았기 때문이다.

그리고 마지막으로 대표 본인이 자기 상품을 좋아하거나 아주 열렬한 소비자여야 한다. 우리도 그렇지 않은가. 좋아하는 일에 더 관심을 기울리며 찾아보게 되는데, 그렇지 않으면 분명 놓치는 부분도 있을 것이다. 우리는 디테일에 집중하며 꾸준히 헤쳐 나가야 한다.

오늘은 비록 어설프지만, 내일도 하고 모레도 하고, 한 달 후에도 하고 1년 후에도 꾸준히 해 나간다면 이기는 것이다.

내일 모든 꽃은 오늘의 씨앗에 근거한 것이라고 했다. 오늘이 없다면 내일도 없는 것이다. 그렇기에 이제는 오랜 시간 교육받았던 '회사형 인간'의 틀을 벗어던지고, '창업형 인간'으로 다시 태어나자. 우리는 누구나 창업형 인간이 될 수 있다.

4

하루빨리 재테크를 시작하라

노후 준비를 위한 재테크, 지금 당장 시작하라

요즘 재테크, 짠테크, 집테크 등등 많이 들어봤을 것이다. 재테크 그것이 뭐길래 꼭 해야 하는지 알아보자. 먼저 재테크의 사전적 의미는 재무테크놀로지(financial technology)를 축약한 단어로, '재무관리(financial management)를 위한 고도의 지식과 기술'을 의미한다. 말은 이렇게 어렵다고 느껴질 수 있지만 적금이나 저축을 하는 것, 주식을 하는 것, 부동산을 하는 것 등등 이 모든 것이 재테크에 포함되는 말이다. 돈을 활용해서 돈을 지키는 것, 돈을 활용해서 돈을 불리는 것이 재테크라고 할 수 있다.

많이 들어봤을 저축, 가장 단순한 의미의 투자다. 위험에 대한 보상보다는 화폐의 시간적 가치에 대한 보상을 중점적으로 추구하는 행위이다. 아껴서 돈을 벌게 되고, 가입 시점에 수익이 확정되어 수익을 들어오지만, 인플레이션(화폐 가치가 떨어지고 물가가 계속적으로 올라 일반 대중의 실질적 소득이 감소하는 현상)에는 취약하다. 그래도 많은 이들은 위험도가 높은 주식이나 코인 부동산보다는 대체적으로 안정성이 보장된 저축을 많이 한다. 하지만 과연 저축만으로 우리는 경제적 자유를 얻으며 살아갈 수 있을까?

예를 한번 들어 보겠다. 평균 연봉을 4,000만 원 정도로 잡고 계산을 해보았을 때, 30세에 입사하여 60세 정년까지 약 30년 동안 근무하고(인플레이션 고려하지 않고), 소비하는 금액 없이 받은 연봉 그대로 다 저축한다고 가정해보자. 그러면 4,000만 원×30년= 12억.

누군가 들으면 "우와!" 할 정도의 금액이다. 적은 금액은 아니다. 하지만 서울 평균 집값은 약 11억. 30년 동안 일하면서 한 푼도 쓰지 않고 받는 월급 그대로 다 모아야 서울의 평균 집 한 채를 살 수 있다. 그러나 우리가 받은 월급을 그대로 다 저축하며 살아갈 수 있을까? 우리는 아파트나 원룸 오피스텔 등 어딘가에서 잠도 자야 하고, 차도 사서 여행도 다니고, 옷도 사고 맛있는 음식도 먹으며 소비할 것이 많다. 30년 동안 받은 월급의 50%씩만 꾸준히 저축해도 저축률이 정말 높은 편인데 그렇게 저축만 해서 모으면 '6억'이다.

결국 저축만으로는 잘 먹고 잘 살 수가 없다

아낀다고 아끼며 열심히 살아가지만 삶은 나아지지 않을 것이다. 그렇기에 우리는 근로소득을 취하면서 재테크 공부를 하며 투자를 병행해야 한다. 다시 한번 말하지만 내 몸이 일하는 동안 내 돈도 일하도록 시스템을 만들어야 한다. 그리고 아시다시피 코로나19가 경제 위기에 큰 타격을 주어 오랫동안 저성장 기조로 계속적으로 경기 침체가 지속될 것을 알려주고 있다. 그렇기 때문에 사회 전체적으로 재테크는 누구나 할 수밖에 없는 필수불가결한 요소가 되었다.

현재 금리가 다시 오르고 있다고는 하지만 과거 은행에만 저축해둬도 10%를 넘게 이자를 주었던 시기는 다시 돌아오기 힘들고, 인플레이션으로 인해 물가는 하늘을 뚫을 기세로 오르면서 불안정한 부동산 가격으로 인한 심리적 동요, 주식시장의 변동성 확대, 금리 그리고 환율 등 경제변수의 급격한 변동은 미래에 대한 불확실성을 더욱 확대시키고 있다.

따라서 보다 행복한 미래를 꿈꾸기 위해서는 이러한 불확실성에서 벗어나기 위한 노력이 필요하다. 혹시 트리플 30 인생이라고 들어 본 적 있는가. 과거에는 우리가 일생에 대해 30+30+알파로, 자라나고 배우고 준비하는 30년, 사회활동을 하고 돈을 벌며 경제활동을 하는 30년,

그 이후 '60세' 이상부터는 죽음을 준비하는 나머지 삶이라고 여겨 왔지만, 의료기술 발달로 인간의 평균수명이 길어짐에 따라 트리플 30, 일생이 30+30+30로 길어지게 되었다.(하지만 요즘에는 120세 시대까지 나오게 되면서 쿼드라 30 인생이 나오지 않을까 싶다.)

그렇다면 만약에 60세쯤 정년퇴직이나 은퇴를 하게 되면 돈을 벌지 못하고 살아야 하는 30년의 인생이 더 남아있게 된 셈이다. 60세 이후에도 경제 활동을 이어간다는 것은 행복한 일이겠지만, 사실 말처럼 쉽지만은 않다. 30년을 벌어서 나머지 30년을 살아야 하니 말이다.

그렇다면 질문 하나 드려보겠다.

노후 준비를 위한 재테크 언제부터 시작할까? 결혼 후? 은퇴 후?

정답은 지금 당장이다. 답은 명확하다. 노후 준비는 빠르면 빠를수록 좋다. 이것은 마치 건강관리는 언제부터 하는 게 적당한가요? 같은 질문

이다.

노후 준비를 위한 재테크는 소득이 있을 때 반드시 해야 할 문제이다. 하지만 현실은 어떠한가? 생각보다 호락호락하지 않다. "결혼 자금을 마련해야 해서", "내 집 마련해야 돼서", "부채 상환해야 돼서" 등등 여러 가지 이유로 노후 준비는 우선순위에서 밀려나게 된다. 지금 먹고사는 것도 힘들어 죽겠는데 20~30년 뒤 재테크는 단지 비현실적인 이슈일 뿐이다. 길 것만 같은 경제 활동도 30년이면 마침표를 찍는다. 그리고 노후 준비 없이 은퇴를 맞이하게 된다. 대한민국에서는 이런 악순환이 2~3대에 걸쳐 반복되고 있다.

정작 경제 활동을 활발히 하는 시기에는 각종 지출과 코앞에 닥친 재무 목표에 밀려 노후 준비가 후 순위로 밀리고, 나이 들어 노후 준비가 가장 코앞에 닥친 재무 목표로 다가왔을 때는 소득이 없어서 준비를 못하게 된다. 그렇게 되면 맞이할 미래는 어떻게 될까?

번번한 연금 소득이 없으니 60~70세에도 일자리를 찾아 헤매야 하고, 다니는 직장이나 운영하는 사업체에서 소득을 유지하기 위해 총성 없는 전쟁을 계속하게 될 것이다. 지금 당장 노후 준비를 위한 재테크를 하지 않으면 당신이 맞이할 노후생활 역시 별반 다르지 않을 것이다. 이렇게 말씀드렸는데도 현재를 살아가느라 노후 준비를 미룰 것인가?

다시 한번 말하겠다. 은퇴 이후의 삶을 그려보라는 조언은 어쩌면 너무 먼 이야기처럼 느껴질 수 있지만, 은퇴 시기가 점차 빨라지고 있는 데다, 고령화로 인해 은퇴 후 삶의 기간도 늘어나는 상황이다. 운동 효과를 높이고 부상의 위험을 줄이기 위해 준비운동이 꼭 필요한 것처럼 재테크 마인드셋이 어떻게 형성되었느냐에 따라 앞으로의 경제 활동이 좌지우지될 것이다.

그래서 노후 준비를 위한 재테크는 지금 당장 바로 시작해야 한다. 빠르면 빠를수록 좋다. 이렇게 말했음에도 머리로는 이해하는데 마음이 그렇지 못할 수 있다. 그렇다면 이해되기 쉽게 저축기준 수치로 설명을 드려보겠다. 만약에 나이는 30대 초반에 노후 준비를 위해 재테크로 매달 30만 원씩 저축한다고 가정해보자. 그렇다면 65세에 만들 수 있는 돈은 (세전/연 이자율 5% 기준) 약 3억 2,000만 원이다. 만약 10년을 늦춰본다면 65세에는 약 1억 7,000만 원이다. 겨우 10년 늦추었을 뿐이고, 원금기준 3,600만 원이 덜 투입되었지만, 결과는 1억 5,000만 원이라는 차이를 보여줄 수 있다. 어떠한가. 그래서 노후 준비를 위한 재테크는 하루라도 빨리 시작하는 게 좋다.

하지만 재테크를 처음 하시는 분 중에 가장 많이 하는 실수는 재테크 정보에 대해서 아무것도 모르고 시작한다는 것이다. 그러면서 '친구 따라 강남 간다'라는 말이 있듯이, 친구가 하는 주식, 코인, 선물 등 재테크 정보에 대해서는 잘 알지 못하고 무작정 하다 보니 실패할 확률이 높다. 목적도 계획도 없다 보니 결국엔 실패하게 되는 거다.

물론 불확실성이라는 것은 언제나 양면성이 있다. 잘 될 수도 잘 안될 수도 있지만, 재테크를 하지 않는 것은 확정적인 손해일 수 있기에 반드시 해야 한다.

노후 준비는 일단 첫걸음이 중요하다. 시작이 반이라는 말이 있지 않은가. 당장 여력이 부족해도 미래의 나를 위해 재테크를 시작해라. 현재 살아가는 것에 있어 돈이 부족하면 불편할 순 있겠지만, 나의 3~40년 뒤에는 반드시 맞이하게 될 미래를 불행하게 만들지 말자.

알고도 준비하지 않는 것은 어리석은 행동일 뿐이다. 그 누구도 나의 삶을 살아주지 않는다. 미래를 만드는 사람은 나 자신이다.

5

시간이 들지 않아야 투자다

시간을 아껴 쓰는 것도 하나의 방법이다

만약 우리가 투자로 돈을 버는 데에 있어 많은 시간을 할애해야 한다면 과연 이것은 투자라고 할 수 있을까? 자수성가 공부방을 운영하는 이승주 소장님의 강연에서 나는 재테크에 있어서 중요한 것을 깨달았다. 돈을 굴리는 데에 있어서 내가 투자하고자 한다면, 시간이 들지 않아야 한다는 것을 말이다. 아무리 수익 가능성이 훌륭한 투자처라고 하더라도 시간이 많이 들어가게 된다면, 그것은 창업의 영역이 되어 버리는 것이지 더 이상 투자가 아니라는 것이다.

재테크 3년 차, 100만 원으로 시작해서 월 수익률이 400%에 달하는 수익률을 내보였다고 하더라도 그것 때문에 시간을 써야 한다면 그것은 창업이지 투자가 아니라는 것에 이승주 소장님은 주장한다.

뒤에서도 말하겠지만 이승주 소장님은 23살 때 사업으로 모뎀을 취급한 적이 있었다. 100만 원을 가지고 투자해서 매달 순수익 400만 원을 벌어들이게 되었는데 이때 이승주 소장님은 그 당시 이 재테크를 위해서 고객을 응대해야 했고, 박스 포장을 해야 했으며, 택배 접수를 해야 했고, 계속해서 시간을 쓸 수밖에 없었다. 월 순수익률 400%라는 것을 얻었지만, 그만큼 더 바빠지게 되었고, 어쩔 때는 사업에 시간을 덜 투자해야 할 만큼의 리스크도 감수해야 했다.

그때 이승주 소장님은 깨달았다고 한다.

'투자에 있어서 시간이 들어간다면 그것은 사업의 영역이지 투자가 아니다.'

그래서 이 깨달음으로 강의를 하셨던 것인데 듣고 보니 재테크에는 시간이 많이 들어간다면 유지도 쉽지 않을뿐더러 그것은 사업이라는 것이 분명했다.

그래서 나는 이 시대 일반적인 재테크 투자처 중 최고봉은 당연히 부동산이라고 생각한다. 주식은 실체가 없고 경영자의 의지에 따라 주식이 휴지 조각이 되기도 하기 때문이다.

이는 이승주 소장님이 귀에 못이 박히도록 말해줘서 너무 당연한 것이 되어버렸다. 그리고 요즘 유행하는 비트코인, 암호화폐 같은 것도 결국은 실체가 없는 것이다 보니 부동산에 비할 수 있는 것이 전혀 아니라는 것이다. 그래서 이승주 소장님 비롯, 나 또한 투자에 있어서는 부동산이 최고라는 것에는 다른 의견이 없다. 부동산은 그대로 남아 있으며, 똑같은 다른 것이 있을 수가 없고 늘어나지 않으며 이런 특성들뿐 아니라 인간의 의식주, 먹고 자는 것에 관련한 것이기 때문에, 절대 없어서는 안 될 것이므로, 여유자금이 있다면 일반적인 투자 쪽에서는 결국 부동산이라는 것이다.

이번에는 부동산 투자로 성공한 사례에 대해 말해 보겠다. 첫 번째 사례는, 20년 전의 일이다. 부산에 사는 오 모 씨는 그때로부터 3년 전 퇴직을 하고, 노후 대비를 위해 수익 가능성이 좋은 투자처를 찾고 있었다. 가진 돈은 퇴직금 3억. 은행에 넣어봤자 이자가 매달 100만 원도 안 되는 금액이기 때문에, 부동산이 낫다고 판단한 오 모 씨는 경남 양산시 물금지구에 있는 단독주택지를 샀다. 인근에 부산대학교 제2캠퍼스와 지하철이 들어선다는 정보를 터득하고 말이다. 단독주택지는 주거용 건물만 지을 수 있는 땅과 상가를 세울 수 있는 땅이 있지만, 오 모 씨는 상가와 원룸이 결합된 3층짜리 건물을 지었다. 그리고 점포 겸용 택지로 슈퍼마켓이나 일반음식점, 세탁소, 학원 등 근린생활시설을 들일 수 있다는 것을 본 오 씨는 용적률(대지면적 대비 건물 연 면적) 200%를 적용해 건평 111평에 3층을 지었다. 1층은 상가, 2층은 다가구주택 2가구, 3층은 원룸 3실로 말이다. 1층 상가에서는 애견센터와 동물병원 용도로 꾸미고, 2, 3층은 인근 공단 종사자를 타깃으로 내어준 결과, 매달 383만 원이라는 금액을 받고 있다.

땅값과 건축비 세금을 합친 투자비는 총 3억 200만 원이 들었는데, 만약 투자비를 은행에 넣어 뒀다고 가정한다면 이자 수익은 1년에 1,208만 원이지만, 부동산을 통한 이자는 연간 순수익 3,396만 원(수익률 연 11.2%)이다. 약 2.5배의 차이를 보여주고 있다.

시작은 3억이라는 금액으로 시작하였지만, 인플레이션을 고려하지 않더라도 10년이면 원금 그 이상의 금액을 받게 되니 노후에 준비는 끝났다고 보면 된다.

두 번째 성공사례 역시 20년 전에 일이다. IMF 끝 무렵, 복 모 씨는 울산시 동구 전하동 소재 일산아파트 정문 앞에 있는 회사 기숙사를 매각한다는 소식을 들었다. 그때로부터 3년 전, 4층 상가를 지어서 성공해본 경험이 있는 복 모 씨는 기숙사라는 주거용 토지를 상업용 건물로 건축해서 상업용으로 변경시키면 가치는 올라갈 것이라고 생각했다. 그래서 복 모 씨는 자신이 보유한 자금 3억 원에 집을 담보로 연 8%로 6억 원을 대출했고, 기타 차입금 1억 원을 마련해 부지 142평을 평당 250만 원에 매수하고 상업용 건물을 건축했다. 건물은 지하 1층부터 지상 6층까지 540평으로 총 11억 9,100만 원이 소요됐다. 그리고 세를 받으며 임대보증금 2억 7천만 원과 월세 수입으로 다 갚아나갔고, 각종 경비와 세금을 제외하고도 약 1,000만 원이라는 수익을 벌었다. 그로부터 6년 후, 평당 1,000만 원으로 상승하며 건물 시가는 약 25억 원이 되었다. 그렇다면 3억을 투자해 은행 융자금을 제외하고, 연 1억 400만 원의 순수익을 번 복 모 씨는 34.67%의 높은 수익률을 획득해 나가며 노후의 준비를 마쳤다고 한다.

세 번째 투자 성공사례의 주인공은 우리가 흔히 알고 있는 방송인 노홍철 씨이다.

재치 있는 입담과 특유의 에너지 넘치는 진행으로 MC, VJ, 라디오, 방송 등 자신만의 색깔로 대중들에게 많은 사랑을 받고 있지만, 부동산 투자에도 뛰어난 안목을 갖춘 방송인이다.

많은 부동산을 소유하고 있지만, 특히나 서울시 강남구 신사동에 위치한 지하 1층~지상 5층 건물은 매입한 이후 불과 2년여 만에 시세 80억 원 가까이 올랐다. 2018년 11월에 122억 원에 매입한 이 건물은 위치가 압구정역 역세권에 자리 잡히기도 했고, 가로수길이 있는 곳이다 보니까 배후세대는 물론 유동 인구가 많은 편이었다. 그래서였을까? 현재 해당 건물의 시세는 약 200억 원 정도 한다.

이뿐 아니라 2016년 용산구 해방촌 신흥시장 위치한 2층짜리 건물을 6억 7,000만 원에 매입해서 개조해 서점 '철든 책방'을 운영해왔다. 하지만 이 역시 매입한 지 2년 만에 14억 4,000만 원으로 올랐고, 이를 매각해서 7억 원의 시세 차익을 거둬냈다.

그리고 2020년 1월, 13억 9,000만 원에 매입했던 서울 용산구 후암동 주택은 현재 28억 시세를 자랑하며 매입할 당시보다 2배 이상 이익을 취했다. 그리고 매입한 주택은 개조해서 북 카페 겸 베이커리인 '홍철 책빵' 1호점을 오픈했다. 건물 1층에는 책방과 카페, 2층은 베이커리로 운영하였지만, 이 역시 대박이 나면서 1년 만에 매출 6억 9,400만 원을 기록했다. 처음에는 부동산, 주식, 가상화폐 등 투자했다가 큰 손해를 봤지만, 현재는 부동산으로만 약 100억이 넘는 이윤을 내는 투자자가 되었다.

투자는 시간이 들지 않아야 한다

초기 몇 달 동안은 신경 쓸 게 많아서 시간을 할애해 나갈 수 있지만 우리는 한 달 두 달 보는 것이 아니지 않는가. 특히나 부동산 투자는 공부하고 많은 정보를 터득해 투자한다면 죽을 때까지 받을 수 있는 연금과 같은 존재다. 우리는 비록 자더라도, 돈은 낮이나 밤이나 쉬는 시간 없이 계속해서 돈을 만들어내니 말이다.

그래서 여유자금이 많고, 충분한 시간과 노력이 뒷받침된다면 굉장히 매력적인 재테크 방법이다.

6

재테크의 7가지 선택지 비교(1)

주식, 부동산(빌딩, 상가, 토지, 아파트),

금, 펀드, 암호화폐의 장단점

재테크를 하는 방법에는 여러 가지가 있다. 주식, 펀드, 금, 부동산, 암호화폐 등등 정말 많지만 분명한 장단점은 존재한다. '제대로 알아야 돈된다.'라는 말이 있지 않은가. 하나하나 파헤쳐 보자.

먼저 주식투자에 대해 알아보자. 장점은 누구나 알고 있지 않은가. 수익성이 높다. 다양한 투자 방법 중 주식에 투자하려는 이유는 다른 투자에 비해 가장 높은 잠재적 수익을 제공하고, 장기적 투자로 성공가능성이 높다. 하락장 상승장이 존재하긴 하지만 오랜 기간 동안 주식 시장의 평균 이익은 8~10% 정도이다. 2023년 2월 기준 예적금 이율은 대략 3~4%이니 거의 2배가 넘는 금액이다. 예적금으로 2년 걸려서 받을 이익을 1년으로 단축한다면 상당한 거 아닌가.

그리고 정말 좋은 것은 다양한 종류의 회사가 있다 보니까 선택에 대한 폭이 다양하다. 내가 좋아하고 흥미를 갖고 있는 회사가 있다면 그 회사에 투자할 수 있으며, 배당금 지급에 중점을 둔 주식을 투자할 수도 있으며, 금융 비즈니스에서 소프트웨어 회사, 에너지 회사 등등 광범위한 산업에 투자할 수 있다.

무엇보다 부동산이나 일부 투자는 가치의 일부 또는 전부를 즉시 또는 짧은 시간에 인출할 수는 없지만, 주식은 매주 시장이 열리기 때문에 매주 사고팔 수 있고, 일부만 매수 or 매도가 가능하다는 장점이 있다. 자여기까지 본다면 어떤가. 너무 좋지 않은가.

하지만 모든 일엔 양면성이 존재한다. 수익성이 높다는 주식이지만, 장기 투자할수록 다른 투자들에 비해 좋은 실적을 내는 것이 사실이지만, 만약 전반적인 경기가 안 좋아 실적이 좋지 않은 기간이 투자 기간보다 길어지게 되면 투자금액이 손해를 볼 수가 있다. 그리고 투자 시간이 길어지면 길어질수록 손해를 회복하기 위해 더 많은 시간을 투자해야 된다는 큰 단점이 있다.

더군다나 운이 좋아 BULLISH(상승세) 장에 투자를 하게 되면 빠른 수익을 볼 수 있지만, 그렇지 못한 경우도 많고 일반적으로 수익을 보려면 몇 주, 몇 달, 길게는 수십 년이 걸리기도 하며 무엇보다 변동성도 심하기 때문에 인내심을 필히 요구한다.

모든 투자가 그렇지만 지식, 경험, 정보가 정말 중요하다. 하지만 주식은 지식이 없다면 투자금 모두 잃을 수도 있고, 있다 하더라도 투자금 일부를 잃을 수가 있다.

그렇기 때문에 주식을 하기 원한다면 기업에 대한 상승 가능성을 확인해보고, 많은 시행착오를 겪으며 제대로 분석을 한 후 확신이 들 때 투자를 하는 것이 좋겠다.

두 번째 투자 방식은 펀드다. 주식이 직접투자라면 펀드는 간접투자다. 펀드는 다수의 투자자들로부터 자금을 모아 전문 운용기관이 투자자들을 대신하여 그 자금을 주식, 채권, 부동산 등의 자산을 투자해 운용한

후 그 실적을 투자자들에게 그대로 되돌려주는 금융상품을 말한다. 이해하기 쉽게 예를 들어보자면 700원씩 소지하고 있는 배고픈 3명의 친구들이 있다고 하자. 그 친구들은 빵집을 갔는데 각각 소금빵, 단팥빵, 크림빵을 먹고 싶어 했다. 하지만 빵들은 각각 1개에 800원씩 판매하고 있었지만, 소금빵, 단팥빵, 크림빵을 묶어서 2,000원에 판다고 해보자. 그러면 어떤가. 혼자서는 절대 살 수가 없지만 3명에서 돈을 모은다면 충분히 각자 원하는 빵들을 먹을 수 있는 이게 바로 펀드다.

펀드의 장점은 주식과 비슷하게 적은 돈으로도 쉽게 투자가 가능하다. 고가의 주식이나 수억 원대의 채권, 부동산 등은 개별 투자자가 소액의 자금으로 직접 투자하기란 쉬운 일이 아니지만, 펀드는 투자자들의 소액 자금을 펀드에 모아 하나의 큰 기금으로 만들기 때문에 개별 투자자가 접근하기 어려웠던 대규모 단위의 투자가 가능해지고, 내가 직접적으로 하는 것이 아닌 경험과 지식을 갖춘 잘 훈련된 전문가들이 투자를 대행해주므로 시간과 비용 절감 효과를 얻을 수 있다.

그리고 대부분의 개인 투자자들은 투자 금액에 제약이 있어 직접투자(주식)시 이득을 얻기 위해 많은 종목을 투자하기 쉽지 않지만, 펀드는 다수의 종목에 분산 투자를 할 수 있고, 전문가의 의견을 반영해 직접투자에 비해서 상대적으로 손실에 대한 위험을 줄일 수 있다는 장점이 있다.

하지만 대부분의 투자 방법이 그렇듯이 단점도 있기 마련이다. 내가 하는 것이 아닌 전문자산운용가가 운용하다 보니까 수수료를 별도로 지불해야 될 뿐더러, 손해를 보더라도 투자에 대한 손실은 온전히 투자자의 몫이다. 그리고 자산운용회사마다 운용철학, 운용방식이, 시세 변동에 대한 의견에 차이가 있기 때문에 어떤 전문가를 선택하느냐에 따라 투자에 대한 득실이 달라질 수 있다는 단점이 있다.

주식과 펀드는 공통점도 차이점도 있지만 투자자의 투자성향에 따라 달라지게 될 것이다. 어느 정도 정보력과 식견을 갖춰 자유롭게 수익을 내고 싶다면 주식이 맞을 테고, 투자 정보가 부족하거나 높은 수익은 아니어도 안전함을 추구한다면 펀드를 하는 것이 맞을 것이다.

세 번째 투자 방식 금 투자다. 금투자는 말 그대로 금에 투자해서 금값의 시세 차이로 수익을 얻는 것을 말한다. 그 방법으로는 총 5가지가 있다. 골드바에 직접 투자하거나, KRX 금시장, 금통장, 금펀드, 금 ETF를 이용하는 방법이 있다.

골드바는 가장 직관적인 투자 방식으로 은행이나 귀금속상가, 홈쇼핑에서 살 수 있다. 통상 살 때는 5~7%, 팔때는 5%의 수수료가 붙고, 실물로 수령할 때는 부가가치세 10%를 내야 한다. 그렇기 때문에 계산을 해보면 구입 후 금값이 최소 20% 이상 올라야만 수익을 볼 수 있고. 자칫

순도나 중량이 미달되거나 보증서가 없으면 낭패를 볼 수 있다는 점도 유의해야 한다.

KRX 금시장은 한국 거래소가 운영하는 금 현물 시장으로서, 회원 증권사에서 금계좌를 개설한 후 주식처럼 거래하면 된다. KRX 금시장은 1g 단위로 거래하기 때문에 5만 원 내외의 소액투자가 가능하고, 거래 수수료는 0.3%로 저렴하며 장내 거래 시 양도 소득세와 배당소득세가 면제된다는 장점이 있다. 하지만 실물 인출 시 10%가 붙는 다는 단점이 있다.

다음 금통장은 예적금 통장과 달리 현금 대신 금을 모을 수 있다는 장점이 있다. 은행에 돈을 예치하면 국제 금시세를 달러당 원화가치로 환산해서 금으로 적립할 수 있는 장점이 있다. 그렇기에 도난당할 일이 드물며, 은행 내에서 안전하게 거래할 수 있다는 장점이 있다. 다만 예적금 통장처럼 예금자보호가 안되며 매매차익에 대한 배당소득으로 15.4%의 세금을 내야 하며, 금을 찾을 때는 실물수수료 1~5% 내외가 발생하기에 금값이 15% 이상 올랐을 때 수익을 기대해 볼 만하다.

금펀드는 금광업, 귀금속 관련 기업의 주식에 투자하는 펀드다. 금펀드는 금 값 이외에 환율과 기업실적 등에도 영향을 받으며 금값이 올랐다고 해서 반드시 수익성이 높아지는 것은 아니다. 금펀드의 장점은 소액투자가 가능하고 주식보다 안전하며 안전자산의 신호가 급증하는 시기에 수익률이 높다는 것이다.

마지막 금 ETF는 금값의 움직임을 반영해 금선물에 투자하며 특정 지수를 따르는데 소액투자가 가능하며 언제든 매매할 수 있고 보수비용이 저렴하다는 장점이 있다.

하지만 금 펀드나 금 선물 ETF 같은 경우에는 선물 가격 추종 펀드가 많아서 시세 변동성이 실물 금보다 크다는 단점이 있다.

금 투자는 충분히 싸다고 생각될 때 사는 것이 바람직하며 단기 차익을 위한 거래가 아닌 장기적 관점으로 접근하는 것이 좋다. 모든 투자 상품이 그렇지만 어중간한 포지션을 잡게 되면 손실 볼 확률이 크고, 흔히 안전자산이라고 알려져 있는 금이지만, 세상에 안전 자산은 없다. 그렇기 때문에 단순히 물가 상승에 대한 헤지, 안전 자산으로의 인식을 이유로 매매하기보다 투자하려는 대상에 대한 이해가 선행되어야 보다 안전한 투자를 할 수 있다.

네 번째 투자 방식은 암호화폐이다. 암호화폐(CRYPTOCURRENCY)는 가상화폐라고도 불리며, 인터넷을 통해 연결된 분산 컴퓨터 네트워크에서 공개키 암호화를 통해 안전하게 전송하고, 상대방 간에 직접 교환할 수 있는 디지털 자산이다.

가상화폐는 크게 3가지 특징을 지니고 있다. 첫 번째 특징은 투명성이다. 비트코인이 가진 블록 체인의 작동 방식 덕분에 이체 내역의 변조가 불가능하기에 보안성에 있어서는 뛰어나다. 비트코인은 특정 시간마다 거래내역을 만들며, 이런 거래내역을 종합하면 블록(Block)이 형성된다. 이러한 블록은 거래 장부로 지칭될 수 있으며, 이체내역, 발신계좌, 수신계좌, 각 지갑의 잔액, 이체기록까지 전부 조회가 가능하다.

두 번째 특징은 익명성이다. 흔히 많이들 사용하는 신용카드 같은 경우에는 거래내역, 이체내역 등 많은 정보가 빅 데이터로 기록되지만, 가상화폐 같은 경우에는 신원 증명 절차가 없기 때문에 모든 거래가 익명으로 진행된다. 즉 어떤 소비와 투자를 하였는지 등의 정보가 가상화폐 시장에서는 기록되지 않는다.

세 번째 특징은 편의성이다. 중개기관이 필요 없는 인간의 거래(Person to Person, 'P2P')가 활발하기 때문에 전 세계 어디서나 시간에 구애받지 않고 이체가 가능할 뿐더러 누구든지 버튼 클릭 한번으로 계좌 생성이 가능하다는 장점이다.

반면에 가상화폐의 가장 큰 단점은 불확실성이다. 가상화폐 시장 내 여러 디지털 화폐는 창출되거나 사라지기도 한다. 그럼에도 불구하고 가상화폐 시장을 관리하는 기관이 없기에, 개인은 거래상 발생하는 문제에서 법적 보호를 받을 수 없고, 감독 기관이 없다는 사실을 악용하는 단체나 사용자도 가상화폐 시장에서는 종종 목격된다. 이들은 종종 화폐 가치에 큰 변동성을 주거나 가치를 조작하기도 한다. 그러나 이 상황에서도 개인은 법적인 보호를 받기가 힘들다. 마지막으로 가상화폐는 통용이 어렵다는 문제를 지니고 있다. 이에 대한 예시는 미국의 달러가 될 수 있다. 현재 달러는 전 세계에서 화폐로 인정된다. 그에 반해 대부분의 국가는 가상화폐의 가치를 인정하지 않는다.

　이와 같이 가상화폐 역시 장단점을 지니고 있다. 따라서 개인은 가상화폐에 대한 맹목적인 투자를 지양하고, 가상화폐의 특징과 장단점을 깊게 분석한 후 전략적인 투자를 지향해야 한다고 생각한다.

7

재테크의 7가지 선택지 비교(2)

부동산 투자만이 살길인가

먼저 '재테크'하면 가장 많이 말하는 것이 부동산이다.

단순히 아는 사람이 부동산으로 많은 돈을 벌었다는 이야기를 듣고 투자한 사람도 있을 것이고, 기사나 뉴스 같은 곳에서 부동산은 언젠가는 무조건 오른다고 영끌해서라도 사라는 말을 듣고 투자를 결심한 사람도 있을 것이다. 어쩌면 반은 맞고 반은 틀린 말이다. 부동산 투자는 노력 대비해서 높은 수익을 얻을 수 있는 확률이 높은 것은 사실이다. 하지만 계속 치솟았던 부동산 시장이 연이은 금리인상과 인플레이션, 정부 정책 등으로 인해 하락하는 것을 볼 수 있을 것이다. 모두가 그런 것은 아니지만 경제 유튜브 같은 곳을 보면 월급은 700만 원 벌고 있는데 대출을 최대한으로 끌어모아서 아파트 3대를 사게 되었지만, 대출 이자는 올라가고 아파트 시세는 떨어지다 보니 감당이 안 되어서 고민 신청하는 경우도 종종 보았다. 아는 만큼 보인다고 했다. 하지만 알고 있지만 실패할 확률도 높은 것이 부동산이다.

그래도 그만큼의 많은 장점을 보유하고 있는 재태크 방법 중 하나이기 때문에 장단점을 비교해 보려고 한다. 부동산 투자의 종류로는 크게 공동주택, 단독주택, 상가로 나눠 볼 수 있다. 보통 공동주택은 아파트나 다세대 주택을, 단독주택은 말 그대로 단독주택이나 다가구주택을 말한다.

먼저 공동주택 중 아파트 투자 같은 경우에는 부동산 투자 중 가장 일반적이다. 수요나 공급이 많기도 하고, 상가나 빌딩 같은 상업용부동산과는 달리 내가 직접 들어가 살거나 누군가와의 임대차계약을 맺어 세를 나눠주는 것도 가능하다 보니까 가장 많이 선호하는 방법 중에 하나이다. 보통 아파트 같은 경우에는 흔히들 갭투자로 돈을 많이 번다고 하는데 이것은 쉽게 말하면 실제로 매매가 되는 가격과 전세로 거래가 되는 가격 간의 차이가 적은 아파트를 대상으로 전세를 끼고 집을 사서 사는 시점과 파는 시점의 시세 차익으로 돈을 벌 수 있는 방법이다.

쉽게 말을 하자면 만약 매매 가격이 3억인 아파트의 전세 보증금이 2억 5천만 원이라고 하였을 때, 5천만 원을 투자해서 해당 집을 사는 것을 말한다. 그렇게 된다면 전세 계약이 종료됨과 동시에 전세 가격을 올리거나 집값이 오르면 그로 인해 시세 차익이 발생하기 때문에 돈을 벌 수 있는 것이다. 이 방식은 큰돈이 없어도 적은 돈으로도 아파트를 매매할 수 있다는 장점이 크다 보니 젊은 층이나 신혼부부들이 많이들 하는 방법이다. 하지만 지난 과거 부동산 시장의 불안정한 흐름과 단기간 과도한 가격 상승이 있기도 했고, 세입자가 빠져 나가게 되면 보증금을 돌려주어야 하는데 시세가 하락하여 전세가격과 매도가격이 하락하게 된다면 그만큼의 차이는 내가 대출을 받거나 현금이 나갈 수밖에 없다. 그렇다 보니까 시세 차익을 노리며 투자한 경우, 한번 잘못했을 때의 그 실수를 만회하기가 어렵다 보니 그만큼 기회비용이 크다는 단점이 있다.

그렇기 때문에 아파트 투자를 하기 전에는 들어간 자본에 비해 투자 수익률을 극대화할 수 있다는 장점만 생각하기보다는 돈이 묶여 있는 시간이라든지 거기에 따른 손실금액에 대해서도 꼭 고려해보고 투자해야 한다.

두 번째는 단독주택이다. 살벌한 경쟁이 떠오르는 도심 속 아파트가 있다면 자연과 힐링이 어울리는 단독주택도 있다. 단독주택은 흔히 전원주택이라고 하는데 전원주택 투자의 가장 큰 장점은 전체 건축물을 하나의 주택으로 여기다 보니까 다른 주택을 보유하고 있지만 않다면 1세대 1주택으로 간주된다는 것이다. 그리고 2년 보유 후 매도하게 되었을 때, 시세 차익이 있더라도 양도소득세나 비과세를 받을 수 있다는 장점이 있다. 그리고 혹시라도 나중에 단독주택을 수익형 부동산으로 개발한다면 주거지역보다 높은 건폐율(대지면적에 대한 건축 면적의 비율)과 용적률(대지면적에 대하여 지하층을 제외한 지상층 면적합계의 비율)을 얻을 수 있다는 장점이 있고, 만약 2층 단독주택이라면 1층 같은 경우에는 임차해서 월세 수익이나 전세금을 받을 수도 있다. 그리고 무엇보다 단독주택은 아파트와 다르게 층간소음에 대한 걱정이 없고, 고기 구워 먹고 싶다면 테라스에서 숯불에 구워 먹고, 텃밭도 키우며 살 수 있다는 장점이 있다. 지금 나 같은 경우 아파트에 살고 있는데 옆집에서 대화하는 소리, 화장실 물 내리는 소리까지 다 들리니 층간소음 걱정 없는 전원주택이 로망 아닌 로망이다. 하지만 공기 좋고 힐링될 수 있어도 잘못 투자하면 골칫거리가 될 수도 있다. 보통은 비교적 저렴한 가격에 오래된 단독주택을 구매하는 경우가 많은데 관리비 같은 경우에는 내지 않을 수 있겠지만, 수리비와 유지비 부분에 있어서 상상을 초월할 정도로 비용이

든다. 처음에 보통 30년 정도 된 단독주택을 구매하면 리모델링은 못하더라도 기본적으로 보일러, 벽지, 장판, 섀시(창틀) 정도는 교환하는 데 보통 KCC나 LG 섀시 비용이 부족하면 재현하늘창이나 영림으로 교체하지만, 문제는 섀시를 교체하려고 창틀을 뜯어보면 전체적으로 조적구조(벽돌집)인 데다, 단열재가 없는 경우가 많기 때문에 겨울에는 춥고 여름에는 더운 경우가 많다. 그리고 가장 큰 문제는 보일러다. 보일러는 보통 100만 원 선에서 수리가 가능하겠지만 문제는 보일러 배관이 고장 난다면 중간에 터지거나 막히게 되면 이걸 수리하는 데 또 돈이 나가는 것이다.

그리고 주차공간 같은 경우에도 개인 주차장이 있다면 문제 될 건 없지만 만약 있지 않다면 모르는 사람이 집 앞에 주차를 해놨을 때 단속도 안 되고, 내 집 앞 거주자 우선 주차를 신청하려고 해도 앞에 도로 폭이 6미터가 넘지 않으면 주차 라인을 만들 수가 없다 보니까 하루하루 주차 전쟁에 시달리게 되는 것이다. 그리고 이를 보안하기 위해 나중에 건축하려고 해도 앞에 도로가 4m가 안되면 건축을 할 수 없기 때문에 부족한 부분을 떼어내고 건축을 하기 때문에 건폐율에서도 손해를 보게 된다는 것이다.

단독주택이 오래될수록 저렴하다고 느낄 수 있다. 하지만 무턱대고 단독주택에 투자해서는 안 된다. 단독주택을 구매하게 된다면 먼저 차량을 보유하고 있다면 집 앞 도로 넓이를 재보고, 구청에 거주자 우선 주차 신청이 가능한지 주정차 단속이 가능한지 확인해봐야 한다. 그리고 벽을 두들겨 보거나 눌러봐서 벽돌구조인지 단열재가 있는지 없는지 확인하고, 보일러 설치 연도와 용량은 꼭 확인을 해봐야 한다.

그리고 건축비에 대한 것보다 환금성이 떨어져 급전이 필요할 때 시세보다 더 싸게 팔 수 있다는 점을 꼭 명심해야 한다.

세 번째 투자방법은 상가이다. 상가 역시 크게 주거용과 상업용으로 나눠진다. 보통 상가를 매수하는 것은 직접적인 경영을 할 수도 있지만 투자의 목적으로도 많이 매수하고 있다. 상가는 크게 분류하자면 아파트 단지 상가, 지식산업센터 상가, 테마상가, 주상복합, 오피스텔, 오피스 상가로 나눠진다고 볼 수 있다. 아파트 단지 상가는 말 그대로 아파트 입주민들의 편의를 중점으로 입점되어 있어서 안정성을 따진다면 상가 투자 중 아파트 단지 상가가 가장 좋다. 하지만 안정성 때문에 인기가 있고 일정 수익이 보장되다 보니까 투자할 때 입찰을 받는다면 지나친 경쟁으로 높은 입찰가를 받을 수도 있다. 그리고 아무래도 아파트 입주민들의 편의를 위해 설치되어 있다 보니 업종이 제한적이고, 시세 상승도 대체로 낮은 편이다. 그렇기 때문에 기존 단지 건물을 매입한다면 초기의 높은 수익률만 생각하지 말고 주변 상가의 수익률을 토대로 접근하는 것이 좋다.

상가의 두 번째 종류 지식산업센터 상가는 아파트형 건물을 만들고 한 건물에 중소기업이나 중견기업용 공장들을 입주시키는 것을 말한다. 그래서 아파트형 공장이라고 불렸지만 2009년도부터 법률 개정으로 지식산업센터라고 바뀌게 되었다. 지식산업센터는 보통 산업 단지나 신도시 자족시설 용지처럼 유동이 많지 않은 곳에 생기는 시설이다 보니까 상가가 많지 않은 대신 반드시 필요한 업종으로 형성되게 된다. 그렇다보니 기업경쟁력이라든가 국가산업의 경쟁력을 발전시킬 수 있고, 무엇보다 지식산업센터는 서울 아파트 평단가에 비해 2배 이상 저렴하기도 하고, 매물가의 80%까지 대출이 가능하다 보니 자기부담금 20%로 투자가 가능해서 지렛대효과를 누릴 수 있다는 장점이 있다. 하지만 양날의 검처럼 장점이 많은 만큼 단점도 많다. 정부가 추진하는 방향성과 광고를 많이 함에도 불구하고 성장은 더디게 가다 보니 역세권은 임차인을 구하기 쉽지만 지하철에서 10분 이상 떨어진 곳은 공실이 많기도 하고, 건물에 하자도 많다 보니까 예기치 못한 추가 비용이 발생할 확률도 높다. 그리고 공장형 아파트다 보니까 시작하기도 전에 회사가 끼어있어서 차익이 크거나 황금 매물은 이미 분양이 되어 있거나 약속되어 있는 경우도 많다고 한다. 지식산업센터가 대출이 많이 된다고 해서 막대한 자금을 대출했을 때 그만큼 해당 매물의 값어치가 올라가지 않는다면 엄청난 피해를 볼 수 있기 때문에 꼭 비교해 보아야 한다.

상가의 세 번째 종류 테마상가이다. 테마상가는 유사업종의 판매시설을 모아 놓은 대규모 상가로 테크노마크, 밀리오레 같은 상가들을 말한다. 보통 대부분은 3평 이하의 작은 면적으로 나누어 분양을 하게 되는데, 상가가 활성화되면 투자한 만큼 수익이 발생하지만, 침체기에 빠진다면 많은 지분 투자자들과의 합의점을 찾지 못해 유령 상가가 될 수도 있다. 그리고 무엇보다 공실이 발생하게 된다면 일반 상가보다 관리비가 높아서 손실이 더 크기도 하고, 비슷한 업종을 모아놓는 특성으로 업종 제한에 걸릴 가능성이 높아 중복이 된다면 입점업체의 동의를 받아야 하기 때문에 굉장히 까다롭다는 단점이 있다.

상가의 네 번째 종류 주상복합, 오피스텔, 오피스 상가이다. 주로 교통이 좋은 상업지역에 공급되며 일반적으로 상가보다 아파트, 오피스텔, 오피스 분양이 우선 형성되고 상가는 나중에 분양을 하게 되는 구조이다. 대부분 건물은 지하 1층부터 지상 4층까지 외부, 내부에 상가가 들어서 있다. 그렇다 보니 아파트나 오피스텔 거주자라는 자체 수요 확보가 가능하다는 장점이 있다. 하지만 면적에 비해 비용적인 부분에서 비싸기도 하고 이 역시 동일 업종끼리 경쟁이 생길 수 있다는 단점이 있다.

상가 같은 경우에는 '월세가 얼마 나온다.'라는 말을 듣고 투자를 하지만, 투자는 내가 투자한 돈 대비해서 얼마의 수익이 있느냐를 꼭 확인해야 한다. 특히나 요즘같이 경기가 어려울 때는 상가 임대료를 받지 못하는 경우가 생길 수 있기 때문에 정말 신중하게 골라야 된다.

투자에는 항상 리스크가 따른다. '남들이 많이 하니까 한번 나도 해볼까?'라는 생각은 정말 위험한 생각이다. 투자에 있어서는 좀 더 보수적으로 다가가야 하이리스크를 면할 수 있다. 절대 나쁘다는 게 아니다. 신중하게 골라야 한다는 것을 다시 한번 명심하길 바란다.

2장

재테크 자동화란 무엇인가?

재테크 지혜이란

목적도

1

재테크 자동화가 인생을 바꾼다

투자의 기본은 무엇일까?

그건 바로 현재의 가치보다 미래에 더 높은 가격을 받을 수 있는 기대 심리이다. 그리고 거기에 따른 시간 역시 들지 않아야 한다.

힘들게 직장생활을 하는 동안 주식이나 펀드에 투자하여 달콤한 결과를 얻는 것은 즐거운 과정이다. 하지만 온종일 주식 시세를 파악하고 펀드 수익률을 확인한다면 분명 문제가 있는 것이다. 그리고 만약 부동산 투자를 한다고 매일 급매를 잡기 위해 부동산 중개업소 앞을 기웃거린다? 역시 마찬가지다. 당신의 소중한 시간을 그렇게 지나가도록 한다는 것은 얼마나 아쉬운 말인가. 우리는 통장 잔액이 불어나는 것이 인생의 목표가 아니라 인생의 목표를 달성하기 위해 통장 잔액을 늘려야 하는 것이다. 그래서 그 '돈'은 내가 하고 싶은 것을 해주는 가장 직접적이고 현실적인 도구이다.

재테크는 독서와 같다. 책을 한 권, 두 권 읽을 때는 인생에 큰 변화는 없지만, 꾸준히 계속 읽으면 생각하는 방식이 달라지고 자신도 모르는 사이에 지식과 지혜가 쌓여 빛을 발하는 시기가 찾아온다. 재테크도 마찬가지다. 중간에 슬럼프도 오겠지만, 그 시기를 넘기면 더 나은 안목이 생긴다.

인생을 바꾸는 재테크

특히 재테크는 슬럼프를 어떻게 넘기느냐에 따라 이후 돈 모이는 속도는 엄청난 차이를 만들게 되고, 그러면서 나의 인생 역시 바뀌게 되는 것이다.

이번에는 토지 투자로 인생이 바뀐 사례에 대해 알아보자.

첫 번째는, 우리가 존경할 수밖에 없는 현대그룹 창업자 故 정주영 회장님 이야기이다.

　지금은 '강남' 하면 비싼 땅, 코엑스, 부자들의 동네 등 많은 것들이 떠오르겠지만, 1960년 박정희 정권 시절만 하더라도 비만 오면 침수되는 곳이기 때문에, 머리가 아팠다고 한다. 그래서 삼성의 이병철 회장과 현대 정주영 회장을 불러 강남 침수 문제를 해결하라고 지시했지만, 이병철 회장은 국내 전문가는 물론이고 해외전문가까지 삼성이 동원할 수 있는 모든 인력을 동원해 소양강 댐을 어떻게 만들 것인가에 대해 계획을 짰다면, 정주영 회장님은 직원들에게 현금을 최대한 모으게 하고 강남 일대 부동산을 마구 사들이기 시작했다. 강북도 아니고 논밭이 전부인 강남의 땅을 말이다. 많은 직원들의 만류에도 불구하고, 강남은 부자들의 동네가 될 거라고 확신했던 정주영 회장님은, 삼성이 댐을 지어서 강남 침수 문제를 해결하자 현대는 매입한 땅에 현대백화점, 현대 아파트를 지었고 그게 바로 최고의 땅값을 자랑하는 코엑스 현대백화점이 되었다. 50여 전에만 하더라도 압구정 땅값은 평당 50원이었다. 하지만 지금은 평당 1억은 시대가 열리고, 곧 평당 2억 시대가 열린다는 말까지 나오고 있다.

　그 누구도 버려진 땅이라고 안 될 것이라고 했지만, 故 정주영 회장님께서는 댐을 건설해서 침수가 해결되면, 다리도 놓고, 집도 학교도 짓고 나면, 자연스럽게 인구는 늘어나고, 그렇게 되면 부동산 가격이 오르는 수밖에 없다고 생각했다.

정주영 회장님 하면 떠오르는 게 있지 않은가. "이봐, 해보기나 했어?" 못해서 안 하는 게 아니라, 안 해서 못 하는 것이라고 말이다. 무슨 일이든 할 수 있다고 생각하는 사람이 해내는 법이라고 했다. 의심하면 의심하는 만큼만, 할 수 없다고 생각하면 할 수 없는 것이라고 말이다.

회장님을 비롯한 많은 성공한 사람들이 공통적으로 하는 말 중에 대표적인 단어가 바로 '실행'이다. 실행해야 결과물이 역시 있지 않겠는가, 비록 그 결과가 좋지 않더라도 괜찮다.

시행착오를 통해 경험이라는 것을 얻게 되고, 그 경험들이 쌓여서 성공을 만드는 것이다. 실행하지 않으면 성공 가능성은 0%, 실행하면 성공 가능성은 50%. 자 그렇다면 뭐라도 시작해야 하지 않겠는가.

물론 故 정주영 회장님은 많은 돈을 투자한 만큼 더 많은 부를 이룰 수 있었지만, 소액토지투자로도 충분히 부자가 될 수 있다. 사람마다 자금 상황에 따라 다르겠지만 적게는 3,000만 원에서부터 말이다.

소액투자로 큰 성공을 이룬 사람 중 한 분은, 1990년 KBS 공채 개그맨 배동성 씨다.

15년 전, 배동성 씨의 아내는 기획부동산(부동산을 이용해 마치 경제적인 이득을 많이 얻을 수 있을 것처럼 조작하여 투자자들로부터 부당한 이득을 얻는 행위를 하는 중개업자나 업체)에 속아서 3,500만 원을 주고 강원도 평창의 땅 임야를 매입했다고 한다. 땅에 대해 제대로 몰랐던 배동성 씨의 아내는, 무조건 단기간에 몇 배의 수익을 얻을 수 있다는 말에 현혹된 나머지, 오로지 기획부동산 직원 말만 믿고, 가보지 않은 상태에서 실제 거래됐던 금액의 4배가 넘는 비용으로 말 그대로 '묶인 땅'을 샀다. 하지만 이러지도 저러지도 못하는 상황 속에, 10년 후 평창 올림픽 관련 토지를 팔라는 연락이 왔고, 3억 5,000만 원에 땅을 팔게 되었다고 한다. 기획부동산에 사기를 당했음에도 불구하고 10배의 부를 창출하신 배동성 씨의 이야기다.

(배동성 씨는 운이 좋게 기획부동산에 사기를 당했음에도 불구하고 수익을 냈지만, 모든 것은 내가 알고 선택하느냐 아니면 모르고 선택하느냐에 달려 있다. 산행을 좋아한다 한들, 처음 가는 초행 산길은 불안하고, 더욱이 정상으로 가는 등산로도 모른다면 더더욱 불안할 수밖에 없다. 그렇기에 기획부동산이라고 하면 무조건 믿지 말고 확인 후 결정하길 바란다.)

그리고 두 번째, 방송에서도 많이 알려진 재테크 고수로 통하는 개그우먼 팽현숙 씨도 빼놓을 순 없다. 그녀는 어렸을 때 어머니 집안이 소위 말하는 '땅 부자'였다고 한다. 그러다 보니 형제 자매지간에도 재산을 두고 다툼이 많았고, 급기야 어머니께서 친척에서 멱살까지 잡히며 땅바닥에 내팽개쳐지는 모습까지 보게 되면서 하루빨리 부자가 돼 땅을 사야겠다고 다짐하며 24년 동안 땅 투자를 위해 노력했고, 빨리 돈을 벌고 싶은 마음에 방송에까지 입문하게 되었다고 말했다. 그래서 그녀는 평소 물을 좋아하는 마음에 조금이라도 물이 보이는 지역의 땅을 매입해 왔고, 그 결과 현재는 남양주, 양평, 홍천 등지에 1,000평 정도를 소유하고 있다고 밝힌 바 있다. 그리고 '땅 성형'에 대해서도 언급했는데, 고르지 못한 땅이라도 일단 매입 후 땅 성형을 시키면 가격이 수직상승 한다고 이야기하며 투자에 대한 필요성을 말하였다.

이 외에도 엄청 많다. 당진 송악면 임야 평당 40만 원 하는 땅을 100평 총 4,000만 원 투자한 곳이 산업 단지 이슈로 5년 만에 주거지로 용도 변경으로 평당 379만 원에 3억 3천만 원 이상의 수익을 내기도 하고, 이천 역세권의 정보를 얻어 5천만 원을 투자했는데 3개월 후 도시 관리 계획 결정으로 역세권 특별 개발진흥지구에 포함되어 10개월 만에 10배인 5억을 벌었다고 한다. 그리고 용인 수지 신도시에 사시는 한 분은 신도시 인근에 2억 8천만 원 주고 사놨던 땅 뒤쪽으로 아파트가 들어서면서 이 땅은 언제든지 상가 지을 땅이 되어 100억이 되었다고 한다.

땅은 단순히 부자들에게만 주어진 것이 아닌 모두에게 기회를 주지만,

선택한 사람만이 그 기회를 잡고 돈을 벌 수 있다고 하였다. 물론 한시적으로 큰 폭으로 올랐다가 낮아질 순 있지만 장기적으로 봤을 땐 매력적인 방법일 수 있지만, 문제가 있다.

투자한 모든 이가 성공하면 좋겠지만 투자 실패 사례의 양면성도 넘쳐난다. 만약에 15년 전 산 땅이 현재 그대로라면 기분이 어떨 것 같은가. 마이너스는 아니니 본전이라 생각할 수도 있지만, 인플레이션 대비 혹은 대출을 받았다면 이자 대비 혹은 돈이 묶여있는 15년 돈을 환산했을 때는 지극히 엄청난 손해다.

많은 이들이 있지만, 이 비극의 주인공은 바로 코미디언 김구라 씨이다. 15년 전 철원에 3,000평의 땅을 2억 7,000만 원 가까이 주고 샀지만, 오르기는커녕 현재까지 갈색의 논밭만 보이는 쓸쓸한 상황을 자아냈다.

땅값이 오를 거란 기대로 비싸게 주고 샀지만, 그렇지 못한 경우도 많다는 것을 꼭 인지해야 한다. 뭐든지 아무 노력 없이 공짜로 얻어지는 것은 없다. 부동산 투자 관련해서 잘하고 싶다면 임장도 다녀보고 공부도 하며 정말 많은 시간을 투자해야지 그 노력 뒤에 빛을 발한다는 것을 잊지 말아야 한다.

2

경제적 자유를 얻어라

자본주의 세상 가운데 영원한 숙제가 있다

그것은 바로 재테크다

그런데 왜 학교에서는 중요한 재테크 교육을 해주지 않는 것일까? 현재 교육들은 좋은 대학, 좋은 직장에서 평생 부자들을 위한 직장인이 되도록 가르친다. 사업을 하고 싶어도 사업을 위한 교육은 따로 없고, 오로지 좋은 대학과 직장을 위한 시스템으로 말이다. 그렇게 정교하게 만들어진 시스템은 학교에서 교육하고, 교육자들 역시 그 시스템 안에서 살아온 사람들이다. 그러니 당연히 자식에게 그 교육 시스템을 강요한다. 그러면서 자식들이 자기보다 더 낫기를 바라는 아주 모순적인 생각을 가지고 말이다.

왜 대기업 자식들은 선진국으로 유학을 많이 다닐까? 단순히 돈이 많아서? 절대로 아니다. 우리와는 교육 시스템이 다르기 때문이다. 1950~1960년대까지만 하더라도 부모님 세대는 제대로 교육을 못 받아서 그렇다고 하지만, 현재까지도 부모님들은 자기와 같은 길을 가라고 강요하고 있다. 하지만 더 이상 좋은 대학과 좋은 직장은 없다. 다만 평생 남을 위해 일하길 원하는 직업 교육만 남아 있을 뿐이다.

거대 중국에서는 3일에 하나씩 유니콘 기업이 설립되고 있다. 유니콘 기업은 기업 가치가 10억 달러(약 1조 원) 이상 되는 기업을 말한다. 지금까지 14개의 유니콘 기업이 있는 우리나라와의 차별점을 알겠는가? 그들은 단순히 좋은 대학과 좋은 직장을 나와 유니콘 기업을 만든 것이 아니다. 힘들어도 도전하고 성장할 수 있도록 뒷받침해 주는 사회 시스템 덕분이다. 하지만 현재 우리의 교육 시스템은 어떤가. 유니콘 기업이 아닌 직장인으로 은퇴 후의 삶을 걱정하며 정년을 맞이하게 만든다.

어른들은 자신들이 이 사회를 얼마나 불공정한 지옥으로 만들었는지 알지 못한다. 단순히 도덕성의 문제가 아닌 무관심과 무능의 문제다. 지금은 열심히 땀을 흘리며 씨를 뿌리고 밭을 갈면 그 노력에 열매를 보답하는 농경사회가 아니다. 단순히 열심히만 산다고 해서 결과가 빛나지는 않는다. 오죽하면, '하마터면 열심히 살 뻔했다.'라는 제목의 책이 베스트셀러가 되겠는가?

우리는 스스로 삶을 바꾸어야 한다

지금 우리는 스스로 변화되어야 한다. 단순 대학 공부가 아닌 스스로 자신의 미래를 개척해 자수성가로 부자로 나아갈 수 있는 길로 바꾸어야 한다.

부자들이 만들어낸 시스템에서 벗어나 새로운 길을 선택한 청년들이 3일에 하나씩 유니콘 기업을 만들어내는 세상이다. 유니콘 기업이 되기 힘들다고 하지만, 내가 되지 말라는 법은 없지 않은가? 최소한 유니콘 기업은 아니어도, 은퇴 후의 삶은 충분히 바꿀 수 있다.

우스갯소리로 '은퇴하면 어차피 인생의 종착지는 치킨집'이라는 말을 많이 한다. 단지 쉬워서? 절대 아니다. 치킨집 사장님은 누구나 쉽게 도전할 수 있을 만큼 쉬운 일이 아니다. 매년 7,400개의 치킨집이 새롭게 생겨나면 그중 5,000개의 치킨집이 문을 닫는다고 할 정도니, 그 경쟁의 치열함은 말할 수 없다. 누군가는 창업을, 누군가는 폐업을 반복한다. 하지만 은퇴자의 폐업은 단순한 문제가 아니다. 직장에서 마지막 남은 퇴직금을 날리는 것이다. 남아 있는 돈, 젊음까지 폐기처분하는 것이다.

무엇이 잘못된 것일까? 평생 한 직장에서 죽어라 일하고 퇴직해서 한 푼이라도 더 벌어보겠다고 다시 자영업을 시작한 것이 어떤 잘못이 있기에 폐업을 당하는 것일까? 잘못이라기보다는 선택의 잘못이다. 지금이라도 늦지 않았다. 재테크 자동화로 경제적 자유를 위한 방법으로 과감히 바꿔야 한다. 다니엘 핑크는 말했다.

"새로운 것을 배우고 뭔가 새로운 것을 시도해보라. 그리고 멋진 실수를 해보라. 실수는 자산이다."

불안하고 위험한 것은 폐업이라는 종착지를 앎에도 불구하고 남들을 따라가는 건 무모한 짓이다. '밴드왜건 효과'라는 말이 있듯이 남들이 한다고 나까지 따라 해서 도랑에 빠질 필요는 절대 없다. 우리는 실수라는 시행착오를 겪더라도, 성공할 수 있는 재테크를 일찍 찾아 나서야 한다. 페라리를 몰고 다니는 부자가 되는 것이 아니다. 우리의 최종적인 목표는 경제적 자유를 얻는 것이다. 단순히 노동으로 돈을 버는 것이 아닌,

재테크 자동화로 말이다.

　과거에 재테크는 주식, 펀드, 채권, 아파트, 상가 등 대부분 단기 투자 상품으로 수익률을 높였지만, 현재는 투자에 나설 때 따지는 것이 있다. 바로 투자의 3요소, '수익성, 안정성, 환금성'이 보장되어야 한다. 월급을 저축만 해서는 부자가 될 수 없다는 사실은 누구나 안다. 그리고 투자할 때, 수익률이 높은 것보다 더 싫은 것이, 바로 마이너스 수익률이다. 그러기에 우리에게 필요한 것은 국어, 수학, 영어를 배우는 것이 아닌 제대로 된 재테크 교육을 받아야 한다. 알려주는 사람은 있어도 그 길을 가는 사람은 '나 자신'이다.

　우리가 만약 20년 가까이 스펙을 쌓기 위한 교육을 받는 것이 아닌 경제 교육, 재테크 교육을 받았다면 어땠을까? 엄청난 돈을 허비하게 만드는 토익 공부 대신 그 돈을 경제 교육에 투자했다면 어땠을까? 아마 가난을 벗어나 부자의 길로 들어가는 데 훨씬 많은 도움이 되었을 것이다. 어렸을 때부터 경제에 ㄱ자도 제대로 몰랐던 아이가 성인이 된다고 한순간에 경제관념이 생기진 않을 것이다. 그렇기에 우리는 꾸준히 경제신문을 읽고, 재테크 공부를 해야 한다. 명문대학을 나와 평생을 가난하게 사는 것보다 대학을 안 나와도 경제적 독립을 이루는 것이 더 낫지 않겠는가. 현대의 故 정주영 회장님께서는 초등학교밖에 나오지 않았다. 하지만 현재 어떤가? 명문대학 유학파들이 서로 현대그룹에 입사하려고 줄을 섰다.

학력이 다가 아니다. 여기서 문제는, 어렸을 때부터 정해진 교육만 받고 지낸 경제관념이 없는 직장인들이다. 처음부터 신용카드, 무이자 할부, 대출, 마이너스 통장에 대한 개념이 박혀 있지 않다 보니까 그냥 ATM 기계처럼 언제든지 쓸 수 있는 요술램프로 생각한다. 그렇게 된다면 은퇴하는 그 순간까지 매달 할부금 영수증을 처리하다 끝나는 인생이 될 것이다. 우리는 이 순간부터 미래를 향한 재테크를 신경 써야 한다. 지금 재테크 공부와 노력이 힘들고 지칠 수는 있다. 하지만 현재의 편함이 미래의 불안함을 만들어서는 안 된다.

우리는 은행 금리, 부동산, 자영업 등으로는 진짜 은퇴를 보장받을 수 없다. 은퇴 후 매달 돈이 들어올 수 있는 시스템을 구축해야 한다. 전혀 어렵지 않다. 어떤 재테크를 선택하느냐에 따라 판가름이 나는 것이다.

현재 삶에 안주하지 말고 경제적 자유를 이루라!

알버트 아인슈타인은 말했다. "한 번도 실수한 적이 없는 사람은, 한 번도 새로운 것에 도전해본 적이 없는 사람이다.", "미친 짓이란? 매번 똑같은 행동을 반복하면서 다른 결과를 기대하는 것이다."라고 말했다. 남들이 다 알고 있는 재테크를 따라 해서 부자가 된 사람은 과연 몇 명이나 될까? 남들은 안 됐지만 나라면 충분히 가능하다는 생각으로 남과 다른 삶을 기대해서는 안 된다. 지금 선택한 재테크 결과는 은퇴 후 삶을 결정하는 것이다. 선택은 나의 몫이다.

만약 지금이 1980년도라고 한다면, 아마 저축이 곧 재테크였을 것이다. 들어봤을지 모르겠지만 재형저축은행이라고 은행 이자가 연 36%까지 갔으니 말이다. 기준금리 3~4% 하는 지금으로는 감히 상상조차 할 수 없는 높은 금리였다. 하지만 벌써 40년도 넘은 이야기다. 타임머신을 타고 갈 수야 있다면 가겠지만, 그게 아니기에 현재 나에게 맞는 재테크를 찾아 나서야 하는 것이다.

지금의 연봉은 내가 결정할 순 없지만, 나만의 재테크 상품은 내가 결정할 수 있다. 버스와 비행기는 무엇을 선택하는가에 따라 이미 도착시간은 결정된다. 재테크 역시 마찬가지다. 안전한 적금을 선택하고 노후 준비를 100% 마쳤다고 할 수 없다. 정년퇴직 전까지 작은 위험은 감수하더라도 완벽한 노후 준비가 될 새로운 방법은 찾아야 한다. 빠를수록 좋다. 은퇴가 얼마 남지 않았어도 괜찮다. 현재 100세 시대를 넘어 120세 시대이다.

　너무 성급하게 단기간으로만 바라볼 필요가 없다. 농부가 봄에 씨앗을 뿌려야 가을에 결실을 본다. 한여름 가뭄과 찌는 폭염과 태풍까지 견디고 나서야 수확의 기쁨을 누릴 수 있는 것이다. 그 후에는 풍년으로 인한 가격 하락의 고통도 감수해야 한다. 그런데 은퇴를 준비하는 긴 시간이 순탄하기만을 바란다면 그것이 더 이상한 것이다. 너무 빨리, 너무 쉽게만 하려고 한다면 그것은 곧 투기가 될 수도 있다. 수영을 잘하기 위해서는 긴 호흡이 필요하듯이, 은퇴 준비를 잘하기 위해 긴 호흡으로 접근해서 최고의 수익률을 보장하는 재테크 상품을 선택해야 한다. 진정한 은퇴를 위한 필수조건은 경제적 독립이고, 그것을 이루기 위한 핵심은 최고의 재테크 상품을 선택하는 것이다. 모든 재테크의 시작은 행동하는 실행력에 달려 있다.

　그렇기에 우리는 현재의 삶에 안주에 사는 것이 아닌, 은퇴 전까지 재테크 자동화를 통해 반드시 경제적 자유를 이뤄나가자.

3

목표를 정확하게 분석하라

과정을 이해하고 결과를 만들어라

새해 첫날이 되면 누구나 새해 목표를 세운다. 떠오르는 태양을 바라보며, 무엇을 어떻게 해낼지 구체적으로 생각하진 않아도 새사람으로 다시 태어나겠다고, 올해는 목표한 것을 꼭 달성하겠다고 말이다.

하지만 결과는 어떠한가. 처음엔 뭐든 다 해낼 수 있을 거 같은 불같은 열정은 온데간데없고, 며칠 못 가서 포기하거나 잊고 살아간다. 단지 노력이 부족해서? 불가능한 목표여서? 시간이 없어서? 물론 이유는 가지

각색이다.

우리는 보통 목표를 세우고 그것을 지키기 위해 다이어리를 써나가는데 첫 달부터 막 달까지 다 쓰는 사람은 과연 몇이나 될까. '언젠간 하겠지, 내일부터 해야지.'라는 말에 사로잡히게 되면서 어느새 머릿속에서는 희미해지지 않는가. 목표를 안 지켰다고 뭐라 하는 사람도 없고 크게 잘못되는 것도 없으니. 그렇게 버킷리스트로 적어놨던 목표는 결국 다음 해에 그대로 다시 올라가게 된다. 이루지 못한 그 꿈과 목표는 해마다 돌고 돌면서 말이다.

이처럼 목표라는 것은 휘발성이 정말 강한 친구다. 한번 정했다고 해서 100% 이뤄지면 정말 좋겠지만 사람의 뇌는 그렇지 않다. 변화하는 것을 싫어한다. 지금의 나보단 조금 더 나은 나를 만들기 위해 목표를 정하는 것이지만, 인간의 뇌는 힘들고 어렵다 싶으면 그만을 외친다. 왜 작심삼일이라는 말이 있겠는가. 운동을 장기간 안 하다가 하면 근육통이 오듯이, 정해진 사이클 속에 변동사항이 생기면 고통이 따른다. 친구랑 놀 수 있는 시간, 유튜브 시청하는 시간, 잠자는 시간도 반납해야 하니 말이다. 그만큼 목표를 달성한다는 건 쉽지 않은 일이다. 만약 어제와 같은 오늘내일 미래를 꿈꾼다면 상관없겠지만, 변화된 나의 모습을 원한다면 목표를 항상 기록하며 달성해 나갈 수 있도록 노력해야 한다.

그러기 위해선 가장 작은 목표를 잡고 시작해야 한다. 우리가 목표를 세워도 달성하지 못하는 가장 큰 이유 중 하나는 목표를 너무 높게 설정하기 때문이다. 물론 성공한 사람들은 꿈의 크기가 곧 성공의 크기라고 하면서 불가능한 목표를 세워서 도전해야 그만큼 노력을 기울이고, 원하는 목표에 도달할 수 있다고 한다. 물론 이 말은 반은 맞고 반은 틀렸다고 본다. 아무리 좋고 맛있는 음식이 맞는 사람도 있고 맞지 않는 사람도 있듯이 사람에 따라 역효과가 날 수도 있다. 괜히 목표를 높게 세웠다가, 지키지 못하면 자책하게 될 확률도 높고, 그에 비례하여 자신감도 많이 낮아지게 된다.

대표적으로 매일 다짐하는 다이어트처럼 말이다. 원하는 나의 모습은 10kg를 감량하고 예쁜 옷을 입어야겠다고 하지만, 현실에선 1kg 감량하는 것부터가 너무 버겁고, 한 달에 책 5권은 읽어야겠다고 하지만, 하루 30분 이상 제대로 읽지 못하는 게 현실이다. 이렇듯 시작부터 목표를 너무 높게 잡게 된다면 이상적인 나의 모습과 현실의 나의 모습 사이 괴리감 때문에 금방 좌절하게 된다.

우리는 지금껏 큰 꿈을 가지며 살아야 한다며 배워왔다. 성공한 사람들 역시 똑같이 말했다. 한때 성공에 대해 말하는 자기계발서가 쏟아졌을 때 가장 쉽게 볼 수 있었던 말도 바로 불가능한 꿈에 도전하라는 말이었다. 물론 부정할 수는 없는 말이다. 불가능한 목표를 세우고 실천했기 때문에 성공할 수 있었다는 것을 이미 많은 이들이 스스로 증명해 보였기 때문이다.

대표적으로 영화 〈파운더〉를 아는가? 모두가 알고 있는 맥도날드에 대한 영화다. 내용은 이렇다. 성과도 그리 좋지 않았던 방문 믹서기 판매 직원이었던 레이 크록은 맥도날드의 속도도 빠르고 맛도 좋고 정확도까지 뛰어난 스피드시스템에 엄청난 사업성을 발견하고 프랜차이즈로 키워나가길 원했다. 하지만 위험부담도 있고 두려움이 컸던 맥도날드는 처음에는 반대했지만, 결국 그것을 받아들이게 되었다. 예상과는 다르게 영업사원으로 전국을 돌아다니며 시장 추세와 수비자 수요의 변화를 알아내는 것에 뛰어났던 레이 크록은, 미국 전역의 프랜차이즈 독점 영업권을 따냈고, 1960년대 초반 맥도날드 형제는 270만 달러를 받고 맥도날드 브랜드에 대한 권한을 크록에게 팔게 되었다. 그 후 크록은 재빠른 수익 창출 및 가맹점 성공을 위해 사용료나 조리기구 제품을 강매하며 지원을 아끼지 않았고, 그렇게 오늘날 전 세계 3만 8,000개 이상의 매장이 되었다.

맥도날드 형제가 '패스트푸드' 작업대의 시스템을 만들며 그저 빨리 나오는 햄버거를 팔았다면, 더 큰 프랜차이즈 기업으로 발전시킨 건 레이 크록이였다. 아마 맥도날드 형제의 생각으로는 지금의 맥도날드는 절대 나오지 못했을 것이다.

이처럼 목표를 크게 잡아야 더 많은 성장을 이뤄낼 수 있다고 보여주지만, 문제는 너무 성공한 사람들의 얘기만 듣고 큰 목표에만 집중한 나머지 작은 목표를 보지 못하는 사람들이 너무 많다는 것이다. 성공한 사람들의 과정보단 결과에만 중시하며, 하늘에 떠 있는 구름만 잡으려고 한다. 큰 꿈을 꾸는 것도 중요하다. 하지만 무엇보다 기초가 탄탄해야 더 높게 오래가지 않겠는가. 목표는 작고 가시적으로 설정하는 것이 중요하다.

목표에 달려가는 것도 좋지만
어려움이 있다면 목표를 재설정하라

재테크도 이와 마찬가지다. 막연히 부자가 되기 위해 재테크를 한다는 것은 안개 사이 구름 사이로 어슴푸레 보이는 산을 향해 걸어가는 것과 같다. 이러한 막연한 생각은 내가 원하는 산이 아닌 다른 산으로 가게 할 수도 있고, 제대로 된 방향으로 간다고 하더라도 중간에 지쳐 주저앉을 수도 있다.

그렇기 때문에 재테크에 목표를 둔다는 것은 무엇을 해야 하는지 실천 방향을 구체적으로 만들어줄 수 있다. 사람마다 다 다를 것이다. 누군가는 자녀 대학 등록금을 위해, 누군가는 사업자금을 위해, 혹은 결혼자금을 위한 재테크처럼 때에 따라 달라진다.

만약 자녀 대학 등록금을 위해 재테크를 한다고 해보자. 먼저는 대학 등록금이 얼마나 필요한지 알아야 한다. 대학 알리미 기준 우리나라 4년 제 대학의 1인당 연평균 등록금은 674만 원 정도 하지만, 물가 상승분을 고려한다면 대략 자녀 1인당 4년간 총 약 3천만 원 정도가 필요하다.(국 공립대학 경우 연 420만 원, 의학 계열 대학은 연 977만 원 6년간 총 약 6천만 원이 필요하다.)

하지만 여기서 끝이 아니다. 단순 계산으로만 3천만 원이지만, 여기에 책값에, 어학 연수비에, 학원비까지 더해진다면 그 돈은 기하급수적으로 늘어나게 될 것이다.

그렇기에 장기적인 전략이 필요하다. 만약 아이가 대학생이 될 때까지 10년 남았다면 1년에 300만 원씩, 매월 25만 원씩 꾸준히 모으면 되고, 대학생이 될 때까지 15년 남았다면 매월 17만 원씩 모으면 된다. 대학 등 록금 준비는 빠르면 빠를수록 부담이 줄어든다.

대학 등록금은 목적자금이므로 안정성을 먼저 생각하겠지만, 대학 등 록금 인상률을 고려하면 투자적인 요소도 생각해야 한다. 그렇기에 적정 수익률을 추구할 수 있는 적립식펀드나 저축성보험과 같은 상품을 활용 하는 것이 좋다. 특히 주식형 펀드에 적립식으로 투자하면 장기투자와 적 립식 투자 효과를 동시에 기대할 수 있고, 특정 종목이 아니라 주식시장 전체에 골고루 나누어 투자할 수 있어 대학자금 모으는 방법으로 좋다.

결혼 자금을 위한 재테크도 마찬가지다. 먼저는 결혼하기까지 얼마나 남았는지, 결혼자금으로 얼마를 모아야 하는지 계획을 세우고 실천하는 것이 중요하다. 보통 결혼은 20~30대에 많이들 하기에 모아 놓았던 시드가 별로 없을 것이다. 그렇기에 종잣돈을 마련하기 위해서는 어느 정도의 공격적인 투자가 필요하다. 적금과 저축은 금리가 정해져 있고, 예금이 보장된 상품이라 안전할 수는 있지만, 수익률이 상대적으로 낮다고 할 수 있다. 그래서 추천하는 것이 적립식펀드나 개인종합자산관리계좌(ISA) 활용하는 방법이 좋다. 적립식펀드 같은 경우에는 연평균은 약 10~20% 정도로 예적금보다는 높기도 하고, 주식형 혹은 채권형 적립식 투자로 자기에게 맞는 투자로 선택할 수 있다는 장점이 있다. 그리고 ISA는 예적금 외에도 주가연계증권(ELS)이나 펀드, 주식, 리츠, 상장지수펀드(ETF)에 골고루 분산해서 투자할 수 있어서 효과적이다. 그렇기에 만약 3년 안에 결혼자금으로 1억을 모아야 하는 경우라면 먼저 60~70% 정도는 예적금을 활용해서 자금을 모으고, 나머지 30~40%는 투자상품으로 모으는 방법이 좋다.

하지만 사람마다 추구하는 스타일은 다 다를 것이다. 수익은 적어도 안정성을 추구하는 사람이 있는가 하면, 안정성은 떨어져도 높은 수익성을 추구하는 사람이 있는 것처럼 말이다.

그래서 우리는 선택을 잘해야 한다. 인생은 선택의 연속이다. 직장을 갖는 것, 재테크를 하는 방법까지 말이다. 선택을 잘해내는 것이 결국 인생을 잘 사는 것이다. 그러기 위해선 나의 기준이 명확해야 하고, 그 기준이 결국 나의 목표다.

그렇기에 이 글을 읽고 있는 당신도 목표를 적어보며, 내가 지금 하는 이 행동이 나의 목표를 이루기에 적절한 것인지 판단해보자. 그리고 만약 그 길이 옳다면 후회하지 않을 만큼 최선을 다해 나가자. 어제보다 나은 오늘을 위해. 오늘보다 나은 미래를 위해서 말이다.

4

평생 일해도 못 버는 돈을 만드는 자동화

평생 근로소득으로 번 돈을

2배, 3배로 불려주는 것은 결국 재테크다

만약 재테크를 하지 않고, 오로지 근로소득으로만 돈을 벌었다는 가정 하에 계산을 해보자. 2023년 주 40시간 기준, 최저 임금 월급은 약 200만 원으로 정해져 있다. 직책이나 업무 강도에 따라서 급여는 조금씩은 달라지지만, 대략 평균 연봉 인상률은 10~15%로 계산하고 20년 근무한다고 했을 때,(초과수당, 야근수당, 성과금을 제외하고) 평균 월급은 약

300만 원이다. 그렇다면 20년 동안 모은 금액은 약 7억 2천만 원이 된다. 월급을 최대한 모았을 때 말이다.

그렇다고 한다면 과연 이 돈으로 집도 사고, 차도 살 수 있을까? 가능은 하다. 하지만 그냥 내가 살아갈 정도가 아닌 원하는 집과 차를 사기 위해서는 은행만 믿고 예적금을 하거나, 현금 그대로 갖고 있다면 절대 불가능하다.

한 번쯤은 생각해 본 적이 있을 것이다. '아니 왜 같은 월급을 받으며 직장생활을 하는데 저 사람은 부자가 되고, 왜 나는 가난한 것 같지? 분명 같은 자본과 하루 8시간이라는 시간을 할애하는데.'라고 말이다. 이 질문을 생각한 순간부터 알게 될 것이다. 결국 자본 문제가 아닌 재테크의 문제라는 것을 말이다.

아무리 열심히 일하고 근로소득으로 살아간다고 하더라도, 재테크를 통한 불로소득은 이길 수가 없다. 절대 근로소득만으로는 부자가 될 수 없다. 그냥 죽어라 일만 하다 죽는 것이다. 월급 빼고 다 오른다는 말처럼, 부동산 폭등에 비해 근로소득은 턱없이 부족하다. 그러다 보니 오로지 근로소득만으로는 전, 월세를 벗어날 수 없다. 거액의 대출을 받아 집을 사면 평생 갚으며 살아야 하는 은행의 노예로 살아갈 수밖에 없다. 그러니 아무리 죽어라 일하고 노력해도 근로소득만으로 내 집을 마련하는 것은 힘들 수밖에 없다.

생각해 보아라. 어떻게 보면 자본주의 사회에서는 가장 열심히 일한 근로자가 가난하게 살아간다. 주의를 봐봐라. 피땀 흘리며 일하는 공사판에서 일하시는 분들, 안정적이지 못한 비정규직을 보면 정말 열심히 힘들게 일하지만, 가장 힘들게 살아간다. 하지만 반대로 생각해 보면 만약에 이분들이 부자가 되어 일을 안 하면 누가 먹고 입고 건물을 짓겠는가. 결국 자본주의 사회는 노예가 필요할 수밖에 없다. 그래서 우리는 평생의 근로소득으로 번 돈의 2배, 3배 늘리기 위해서는 재테크를 해야 한다.

'첫 단추를 잘 꿰어야 한다!'라는 옛말처럼 재테크를 처음 시작할 때 얼마나 좋은 소비 저축 습관을 갖추는지가 재테크의 성패를 좌우할 수밖에 없다. 즉 같은 수입이라도 누가 먼저 1억을 모으느냐에 따라 더 큰 종잣돈을 가질 수 있는지를 결정할 수 있다. 그리고 이렇게 무사히 종잣돈을 모았다면 재테크의 첫 단계는 성공한 것이고, 그다음 해야 할 것이 바로 투자이다.

하지만 많은 이들은 투자라는 말만 떠올려도 골치가 아프고 심지어 거부감을 느낀다. 그리고 그들이 이구동성으로 하는 말이 있다.

"한 푼 한 푼 열심히 모아서 겨우 목돈을 만들었는데 만약 잘못 투자했다가 다 날려버리면요? 지금까지 쏟았던 돈과 시간이 너무 아깝지 않을까요? 그냥 지금까지 하던 대로 꾸준히 저축하면 돈을 모을 수 있지 않을

까요?"

과연 그럴까? 뒤에서도 다루겠지만 은행 금리가 물가 인상률보다 못하다는 말은 더 이상 새로운 이야기가 아니다. 인플레이션이 금리보다 더 빠르게 성장하기 때문에 확정적 손해를 보는 셈이다. 다시 말해 은행에 돈을 맡긴 채 가만히 있으면, 그 자체로 돈을 잃어버리는 것이다. 적금은 결코 재테크 상품이 아니다. 그냥 돈을 보관하는 금고일 뿐이다.

그럼에도 불구하고, 투자 대신 예적금을 고집한다면 인플레이션에 비해 돈의 가치가 얼마나 줄어드는지, 은행에서 그만큼의 이자를 내게 주고 있는지 꼼꼼히 따져볼 필요가 있다. 그리고 한 1억까지는 열심히 아끼고 모으는 것만으로도 어떻게든 만들어질 수 있다. 하지만 그 이상이 되면 투자하지 않으면 불어나는 속도가 무척 더뎌진다. 100만 원씩 5년을 모아도 6천만 원인데 어느 세월에 10억 원 이상의 자본을 만들겠는가.

그렇기 때문에 직장을 다니며 열심히만 한다고 해서 부자가 될 수도, 경제적 자유를 이뤄나갈 수도 없다. 한 번뿐인 인생, 주 5일씩 일의 노예로 살아가는 것도 억울한데, 미래까지 보장이 안 된다면 얼마나 억울하겠는가. 하지만 괜찮다. 지금부터라도 재테크를 통한 부를 창출해 나가면 되니 말이다.

말과 행동부터 주의하라

그러기 위해선 우선은 말과 행동을 주의해야 한다. 보통 가난한 사람들은 "난 안 돼, 어렵다, 하기 싫어." 등등 하루하루 불평불만의 언어를 입에 달고 산다. 어떻게 보면 이렇게 말하는 것은, 한편으로는 두려운 마음이 한쪽 깊숙이 차지하고 있기 때문이다. 그럴 수 있다. 하지만 경제적 시간적 자유를 얻은 부자들은 다르다. 부자들은 부자들의 언어를 사용한다. "왜 안 되지? 어떻게 하면 잘할 수 있을까? 무엇이 문제일까? 좀 더 좋은 방법은 없을까? 할 수 있어. 해보는 거지 뭐. 기회는 많아! 할 수 있다." 등등 긍정적인 언어들을 뿜어낸다.

"말 한마디에 천 냥 빚도 갚는다."라는 말이 있듯이, 언어는 가장 무섭고 강력한 도구다. 그렇기 때문에 당신이 현재 사용하는 언어가 당신의 미래를 만들 것이다. "지금 돈 없어. 굳이 부자가 되어야 해? 이대로 살아가도 큰 문제 없잖아. 그냥 편하게 살자." 이런 말들은 당장 멈춰야 한다.

그냥 흘러가는 대로 어제와 같은 오늘 미래를 살길 원한다면 편하게 살아도 된다. 하지만 우리는 재테크를 통해 인생을 변화시키고자 모인 사람들 아닌가. 비록 지금은 빛나는 미래를 위해 던지는 작은 하나의 행동일지라도, 이게 쌓이고 쌓이면 큰 성공을 이뤄낼 것이고, 지금 재테크를 통해 던지는 1천만 원, 5천만 원, 1억 원이라는 돈이 2배 3배 크게는 10배까지 늘어날 것이다.

그러기 위해서는 낮잠 자기, SNS 보기, 유튜브 보기, 게임 하는 시간까지, 허투루 보내는 시간은 줄여야 한다. 경험해 본 사람은 알 것이다. 한번 나태해지면 한도 끝도 없다는 것을 말이다. 뒤쪽에 자동화를 통해 재테크를 하는 방법을 말해주겠지만, 일반적인 투자하기를 원한다면, 놀고 먹고 할 시간에 공부는 필수다.

특정한 분야에 전문가가 아닌 이상, 무작정 건드려보고 운에 모든 것을 맡기는 사람이 많지만, 절대 그래서는 안 된다. 처음에는 운이 좋아서 이익을 취할 순 있어도 한순간이다.

특히 주식 같은 경우에는 소액으로 10~100만 원으로 시작했다가 수익이 생기면 나도 모르게 몹쓸 자신감이 생겨난다. 그러면서 자연스레 100~1,000만 원은 우습게 보며 투자하지만, 넣었다 하면 하락해 마이너스를 보는 사람 많을 것이다.

그래서 일반적인 재테크 주식이나 펀드, 코인, 부동산 등 투자하기 위해서는 반드시 많은 시간과 노력이 필요하다. 절대 운에 내 모든 것을 맡겨서든 안 된다. 어떻게 보면 재테크를 하기 위한 비용 역시 힘들게 벌어서 모은 돈 아닌가. 벌기 위해 시작한 재테크가 절대 소비하기 위한 재테크로 바뀌어서는 안 된다.

자, 지금부터 오늘 무엇을 준비할 것인가, 무엇을 해야 하는가를 생각하며 목표를 세워라.

말했다시피 목표가 없는 삶은 무기력하고 두렵게 만든다. 미래를 향해 아무것도 생각하지 않거나 준비하지 않으면 아무것도 일어날 수가 없다. 비록 작은 시작일지라도, 내가 준비하고 던지는 작은 것들이 어떤 것을 이룰지는 아무도 모른다. 하지만 중요한 것은 지금보다 더 나은 내일, 행복한 미래, 성공한 인생을 보장할 것이다.

너무 서두를 필요 없다. 천천히 하나하나씩 미래를 향해 달려 나가는 것이다. 단지 포기하지 마라. 우리는 한 달 두 달을 보며 살아가는 것이 아닌 평생을 바라보며 살아가는 것이다. 큰 목표보다는 작지만 내가 할 수 있는 것들을 정해 꾸준히 해 나간다면 우리는 충분히 변해갈 수 있을 것이다.

"가장 위험한 세 가지 중독은 마약, 탄수화물, 그리고 월급이다." – 나심 탈레브

5

돈으로 거의 모두 해결이 된다

돈은 물론 전부가 아니다

하지만 돈이 있으면 적어도 불행하지는 않다

우리나라에서 시기와 질투를 가장 많이 받는 집단을 물어본다면 단연코 부자일 것이다.

물론 나는 그렇게 생각하지 않는다고 할 수 있지만 대부분은 명품을 두르고 다니거나 외제차를 타고 다니면 가장 먼저 물어보는 것이 "뭐 하시는 분이세요?" 아닌가. 물론 웃으면서 질문하지만, 그 속에는 시기와 질투가 섞여 있다.

남의 불행은 나의 행복이라고 많이들 하지 않은가. 행복은 상대적이다 보니까 상대방에 비해 내가 좀 더 나은 삶을 살고 있다든가 혹은 덜 불행하다고 여겨질 때 행복을 느끼게 되는데 만약 상대방이 나보다 더 좋은 차, 더 좋은 옷, 더 좋은 집에서 살아가고 있다면 당연히 나는 그 사람보다 낮은 위치에 있다고 느껴져 많은 시기와 질투를 할 수밖에 없다.

그러다 보니까 보통 돈을 많이 번 사람들을 떠올리면 정직하게 땀 흘려 벌었다고 생각하기보다는 '부동산 투기'나 '탈세', '부정부패' 등 좋지 않은 방법으로 돈을 벌었다고 생각한다. 그럴 수도 있다. 뉴스 같은 곳을 보면 영화에서만 볼 법한 사례들이 현실 속에서도 많이 보이고 있으니 말이다. 불법으로 정보를 빼내서 대박을 터뜨리거나 세금을 안 내려고 악착같이 노력하는 모습도 쉽게 종종 보이며, 돈이면 다 되는 돈으로 모든 것을 다 해결하려고 하는 사례도 많기 때문이다.

이러한 안 좋은 모습을 보이는 부자들에 대한 나쁜 이미지 때문에 '짠돌이'나 '구두쇠', '자린고비'라는 단어들로 돈을 안 쓰거나 돈을 중요시 여겨 투자보단 있는 돈이나 잘 지켜야 된다는 생각을 갖는 사람들이 많다.

그렇게 되다 보니 우리는 돈을 많이 쓰는 사람에게 환호하며 살아간다. 밥을 사준다든가 무언가를 쏘는 사람이 있다면 그 누구도 싫어하는 사람 없이 환호하며 각광받는 이 사회에 살아가고 있다. 돈돈 하는 것은 나쁘지만, 그 돈을 쓰는 것에 있어서는 대환영 받는 셈이다. 돈을 쓰라고 있는 것이라는 생각 때문에 이런 현상이 일어난 것이다. 문제는 분위기가 이렇게 흘러가다 보니 돈이 많든 적든 일단 기분에 맞춰 쓰는 경향이 많아졌고, 개인적인 소득 범위를 넘어서 지나친 소비가 일어나며 그러한 소비를 어느 정도 사회적으로 합리화해 나간다.

내 월급은 200만 원이지만 300만 원짜리 가방을 보고 6개월 할부로 산다든지, 집에 부채가 많은데 친구들과 술 한잔하면서 자기가 술값을 낸다든지, 매달 다달이 월급의 상당 부분을 차지하는 자동차 할부금을 갚아가면서 남의 이목 때문에 대형차를 구입하는 것을 너무 자연스럽게 받아들이는 사회가 되었다. 심지어 차가 필요하지 않은 사람에게 왜 차를 사지 않느냐며 권하다 보니 그 말에 홀리어 무리한 대출과 함께 아등바등 사례들도 꽤 많이 보았다.

프란시스 베이컨은 말했다 "돈은 최선의 종이요, 최악의 주인이다."라고 말이다. 돈을 부리면 나의 삶이 편해지지만, 돈에 이끌려 삶을 살아가면 삶이 고달파진다는 것이다. 하지만 돈이 있어야 무엇이든 할 수 있는 사회가 자본주의 사회다. 돈이 있어야 사람들과 밥도 먹고 이야기를 나누며 관계를 맺을 수 있고, 돈이 있어야 불안하지 않는 삶을 살 수 있다. 돈이 없으면 생존 자체가 불가능한 사회가 자본사회다.

우리는 이렇듯 돈이 중요하다는 것을 알고 있지만 어렸을 때부터 '돈 돈'거리며 밝히는 것을 원치 않아 한다. 만약 유치원생이 장래 희망란에 부자가 되는 것이라고 적는다면 뭐라고 생각할 것인가. 뭔가 어린아이가 속세에 찌들고 순수성이 오염된 것 같다는 인상을 주지 않은가? 그것이 바로 우리가 돈을 바라보는 시선이다. 무언가 더럽고 오염되고 필요는 하지만 멀리해야 한다는 생각, 하지만 이는 모두 돈에 대한 편견이다. 돈은 더럽지도 않고 오염되지도 않았다. 돈은 우리 삶에 있어서 떼려야 뗄 수 없을 만큼 밀접하고 꼭 필요한 것이다.

나쁜 쪽만 보고 모든 것을 다 편파적으로 생각해서는 안 된다. 그렇다면 자수성가한 사람들은 다 좋지 않은 방법으로 돈을 벌었을까? 절대 아니다. 절대적인 노력과 시간이 동반하였기 때문에 부를 축적해 나갈 수 있었던 것이다.

그러니 정말 부자가 되길 원한다면 돈을 가까이해야 한다. 돈에 대한 이미지에 갇혀 스스로 돈은 더럽고 멀리해야 하는 것으로 생각하게 된다면 그 사람은 손해를 보며 살아가게 될 것이다. 왜냐면 돈이 없으면 아무 것도 할 수 없는 사회 속에 살아가고 있는 자본주의 국가에 살아가고 있기 때문이다.

돈이 많은 일을 할 수 있게 하지만
돈만 있다고 해서 모든 일을 할 수 있는 것은 아니다

사랑, 행복, 화목 등 이건 돈으로는 해결할 수 없다. 예를 들어 사랑하는 남자가 있다고 해보자. 사랑하니까 돈으로 그 남자의 마음을 얻기 위해 맛있는 음식과 선물을 준비할 수 있다. 하지만 그것으로 남자의 마음을 쉽게 얻을 수 있다는 것은 큰 오산이다. 그러한 노력이 있어야만 남자의 마음을 얻을 수 있는 것은 맞지만 그러한 노력을 한다고 해서 100% 마음을 얻는다는 보장은 없다.

행복과 화목 역시 마찬가지다. 우리는 보통 재벌가들 사이에서 상속 문제로 다투는 것을 심심치 않게 보게 되는데 별다른 이유는 없다. 돈이 어마어마하게 많기 때문에 다투는 것이다. 그런 가족은 행복하고 화목할 일이 없다. 아마 형제나 자매들은 그 싸움하는 과정 속에 서로 원수가 되어 있으니 말이다. 그러면 돈이 많은 게 꼭 좋은 것만 있는 것은 아니니 의미 없는 거라고 생각이 들 수 있다. 하지만 절대 아니다. 돈은 사랑, 행복, 화목을 스스로 완전하게 만들어내진 못할지라도 그것을 만드는 데 큰 역할을 한다.

많이들 알고 있는 애니메이션 신데렐라 이야기에서도 마찬가지다. 그토록 아름다운 이야기가 된 것은 신분과 부를 뛰어넘는 사랑이기 때문이다. 하지만 만약 그 남자가 왕자가 아니었다면, 과연 결혼 이후의 삶도 행복하게 지속될 수 있었을까? 만약 그 남자가 왕자가 아니라 길거리 노숙자였다면 우리가 알고 있는 신데렐라 이야기는 지금까지 내려오지 않았을 것이다.

현실에서도 돈 때문에 사랑하는 사람과 이별하는 경우도 종종 볼 수 있다. 주변에서도 많이 볼 수 있지만 TV 프로그램 중 "사랑하는데 돈 때문에 헤어졌습니다."라며 사연 신청을 한 사례가 있었는데 내용은 이렇다. 여성 사연자 A씨는 28살에 1억 정도 하는 집을 마련했고, 차도 소지하고 있으며 나름 안정된 생활을 하고 있었다. 이 사연자는 잘 배려해주고 사랑해주는 다섯 살 연상의 남자친구를 만나 3년 정도 연애하며 잘 지내고 있었다. 하지만 코로나가 터지게 되면서 남자친구는 제대로 월급도 못 받고, 퇴직금도 못 받은 상황이었는데, 그러던 와중 '카캐리어'라는 직업에 관심을 갖게 되었다. 하지만 그것을 하기 위해서는 전용 트럭을 사야했고, 그 비용은 2억이 넘다 보니까 친구들에게도 사연자에게도 돈을 빌리고 나머진 대출받아 사기로 했었다. 하지만 적지 않은 나이다 보니 결혼도 해야 하는데 안정적인 벌이가 아니다 보니 결혼을 하면 돈 때문에 힘들 거 같아서 헤어진 사례이다.

물론 주위에서 돈 없는 사람과 결혼하여 사랑의 힘으로 경제적 어려움을 극복하려고 노력하는 커플도 볼 수 있겠지만 경제적 어려움 때문에 사랑하는 사람이 서로 다투는 경우도 많다.

삶이 너무 힘들면 삶 자체가 너무 고달파지게 되는 것이다. 그래서 돈은 사랑을 지키는 데에도 행복을 지탱시키는 데에도 꼭 필요하다. 곳간에 인심 난다고 하지 않던가. 사람이 물질적 여유가 생기면 자연스럽게 마음이 너그러워진다. 보통 우리가 생각하는 부자의 이미지도 바쁘게 행동하기보다는 여유롭거나 우아한 이미지를 떠올리지 않는가.

돈이 인생의 전부는 아니지만, 그래도 돈 없어서 궁하게 사는 것보다는 조금은 윤택하고 편안하게 여유 있게 살아가야 하지 않겠는가? 내가 만약 먹고 싶은 게 생겼을 때나 갖고 싶은 게 생겼을 때 정말로 먹고 싶은 것, 갖고 싶은 것 보다는 가격이 얼마인지 보고 판단하지 않는가? 여유롭다는 것은 단순히 돈만 많다는 것이 아닌 선택의 기준이 달라지게 되는 것이다.

이 세상에 돈보다 더 좋은 가치들을 누리기 위해서 돈이 기반이 되어야 한다는 것이다. 행복과 사랑 역시 마찬가지지만 그 무엇보다 중요한 건 시간이다.

우리는 그 누구에게나 24시간이 주어지게 된다. 1시간 전으로 돌아가고 싶어도 1년 전으로 돌아가고 싶어도 타임머신이 있지 않은 한 절대 돌아갈 순 없다. 그만큼 중요한 자산은 시간이다. 우리는 단순히 부자가 되기보다는 시간과 재정적으로 걱정 없이 경제적 자유를 얻으며 살아가려고 하는 것이 아닌가.

전에도 말했던 것처럼 아무리 돈이 많다고 하더라도 시간적 여유가 없다면 그것은 진정으로 경제적 자유를 얻었다고 할 수 없는 것이다. 우리는 가족과 보내는 시간, 개인의 여가 시간 역시 중요한 가치다.

하지만 만약 돈이 부족해서 돈 걱정을 하느라 내 시간을 들여 절약하거나, 여가를 즐길 때 돈 걱정에 여가를 제대로 즐기지 못하는 것은 과연 경제적 자유를 얻었다고 할 수 있을까? 우리는 단순히 명품 옷을 두르고 외제차를 몰기 위함이 아닌 정말 소중한 가치들을 지킬 수 있는 힘을 갖기 위해 반드시 필요하다.

6

재테크 자동화는 나의 조력자다

재테크 자동화는 내가 회사를 다니면서 버는 제2의 월급이다

보통 직장인이라면, 한 달에 한 번씩 월급이 통장에 찍힐 것이다. 그리고 그 한 번의 월급으로 한 달을 살아간다. 월급만으로 살기가 어려운지 살펴보기 위해 임금 직무 정보시스템을 통하여 2023년 기준 나이대별 평균 연봉을 알아왔다. 회사에서 자체적으로 주는 상여금이나 추가수당은 미포함된 금액이니 참고해 주길 바란다. 다음과 같다.

[초과 급여는 미포함]

*25~29세 평균 연봉: 3,773만 원

*30~34세 평균 연봉: 4,619만 원

*35~39세 평균 연봉: 5,444만 원

*40~44세 평균 연봉: 5,921만 원

*45~49세 평균 연봉: 6,174만 원

*50~54세 평균 연봉: 6,176만 원

*55~59세 평균 연봉: 5,717만 원

*60세 이상 평균 연봉: 4,590만 원

(출처: 임금 직무 정보시스템)

대기업, 중견기업, 중소기업을 합친 연봉의 평균은 이렇다. 대기업 같은 경우에는 당연히 평균 금액보다 많이 받을 것이고, 직책이 높다면 더 많은 월급을 받을 것이다. 하지만 직장인 모두가 연봉 그대로 받는 것이 아니다. 프리랜서로 일하지 않는 직장인이라면 월급 받기도 전 빠져나가는 세금이 있다. 바로 4대 보험이다.

2023년 4대 보험 요율은 국민연금: 9%(사업주 4.5%, 직장인 4.5%), 건강보험: 7.09%(사업주 3.545%, 직장인 3.495%), 고용보험: 1.8%(사업주 0.9%, 직장인 0.9%), 산재보험은 업종마다 다르다. 그렇다면 월 300만 원을 받는다면, 4대 보험료는 281,970원으로 실수령액은 약 270만 원이다. 그렇다면 월 500만 원 받는다고 한다면, 4대 보험료는 469,950원으로 실수령액은 약 450만 원이다. 여기에 소득세, 주민세까지 떼 간다고 하면 실수령액은 더 줄어들 것이다.

최저시급이 오르면서 월급 또한 올랐지만, 4대 보험 역시 오르다 보니 실질적으로 올랐다고 생각하기는 힘들 것이다. 그리고 현재는 국민연금 기금고갈을 늦추기 위해 15%까지 올린다는 안건까지 나오고 있는 상황 속에 있다. 과연 이 시점에 월급만으로 살아갈 수 있을까?

월세에 산다면 관리비 포함 50~80만 원은 나갈 것이고, 전세나 매매에 산다면 관리비 포함 20만 원 이상 나갈 것이다. 그리고 여기에 통신비, 보험비, 교통비, 생활비 등 나갈 거 나가고 나면 월급의 3분의 2 이상은 한순간에 증발해 버린다.

한 달을 고생하고 고생해서 딱 한 번 받는 월급이지만 통장을 그저 스쳐 지나갈 뿐이다. 그래서 우리는 월급에만 의존해서는 안 된다. 평생을 하루살이 아니 한 달 살이 인생처럼 살아갈 수 없지 않겠는가. 제2의 월급 또 다른 파이프라인을 만들 수밖에 없다.

만드는 방법은 2가지이다. 나 혼자 벌어들이는 외벌이가 아닌 나와 또 다른 누군가가 벌어오는 맞벌이를 하는 방법과 재테크를 하는 방법이다.

맞벌이라면 수입은 2배 그 이상이, 지출액은 줄어들기 때문에 외벌이

보다는 훨씬 이점이 많을 것이다. 그리고 마음만 맞는다면 통장을 합쳐서 수입과 지출을 함께 공유하고, 모은 금액으로 투자해 나간다면 복리의 마법처럼 기하급수적으로 커질 것이다.

하지만 안타깝게도 또 다른 파이프라인이라고 하기에 이점이 많은 방법이지만, 맞벌이가 되려면 결혼을 해야지만 가능하다. 다짜고짜 부모님이나 친구에게 '통장을 합쳐서 같이 써보자. 그러면 돈을 더 빨리 모을 수 있대.'라고 하기에는 다소 민망해지는 사태가 될 것이니 말이다.

그래서 우리가 해야 할 것은 재테크다. 앞서 언급했지만, 재테크 방법은 다양하다. 주식, 부동산, 채권, 펀드 등 많이 있겠지만 우리에게 필요한 건 우리가 신경 쓰지 않아도 계속해서 돈이 돈을 불러올 수 있는 재테크 자동화를 실현해야 한다.

주식이나 암호화폐 같은 경우에는 수익률이 클 수 있겠지만, 변동성이 지나치게 크기 때문에 매 순간 쳐다볼 수밖에 없다. 그리고 투자 중 많이들 하는 부동산. 2019년부터 2022년까지 아파트 시장은 폭발적으로 상승했었다. 그래서 많이들 갭 투자를 위해 인당 2~3채의 집을 무리하게 사놓곤 했었다. 계속 올라가는 집값에 영원을 끌어모아 샀지만, 현재는 거품이 빠지면서 매매가 전세가는 하락하며 마이너스를 보면서 한탄하는 사람이 주위에만 보더라도 한둘이 아니다.

그래서 우리에게 필요한 것은 크게 3가지로 볼 수 있다.

첫 번째, 사업 리스크가 없어야 한다. 큰돈 들여서 시작했지만, 그 끝이 0이라면 의미는 없는 것이다.

두 번째, 한순간에 끝나는 것이 아닌 오랫동안 할 수 있는 지속성이 중요하다. 특히나 주식 같은 경우에는 수익을 봤다 하더라도 일회성이다. 장기적으로 두어서 수익이 나면 모르겠지만 통장으로 들어오기 전까지는 내 돈이 아닐뿐더러, 매도하는 순간 거래는 끝이 나는 것이다. 그렇기에 계속해서 통장에 들어오며 수익을 낼 수 있는 지속성이 중요하다.

세 번째, 웬만하면 스트레스는 덜 받아야 한다. 만병의 근원은 스트레스라고 하지 않는가. 그렇기에 최대한으로 줄일 수 있다면 줄여야 하는 게 스트레스다. 재테크는 평생의 숙제라고 하는데 할 때마다 스트레스를 받는다면 쉽게 지치지 않겠는가.

시중에 널리 알려진 재테크 중에서는 이 3가지를 부합한 재테크는 아마 없을 것이다. 내가 직접 공부하고 연구하고 시도하는데 스트레스를 안 받을 리 없고, 내가 하는 행위를 멈춘다면 그대로 ALL STOP이니 말이다.

하지만 이 3가지에 부합한 재테크가 있다. 우리나라에서 유일무이한 재테크라고 할 수 있다. 책에서 모든 노하우를 풀 수 없기에 대략적으로

만 말을 하자면 1억 투자로 돈이 돈을 버는 구조를 만들어주는 것이다.

오프라인 매장과 창업 아이템 제공 및 운영 관리를 해주고, 필요한 집기나 도구들이 있다면 모두 무료로 대여해준다. 내가 일하지 않아도 대신 일 해주는 관리자에, 고정지출이라고는 전기세, 수도세 등의 관리비만 납부하고, 안정적으로 수익을 얻어갈 수 있는 구조이다.

사업이나 자영업 해보신 분들은 아실 것이다. 물품 구매비에 임대료에 인건비에 1억은 당연히 넘어간다는 것을 말이다. 하지만 그렇다고 성공률은 100%냐? 그것은 절대 아니다. 코로나19 이후에 임대가 붙여진 가게들을 많이 보았을 것이다.

어렵게 시작하고 도전했던 사업이지만 빚과 함께 무너지는 것은 한순간이다. 하지만 1억 창업 아이템은 다르다. 사업 리스크는 거의 제로에 가깝다. 그리고 가장 문제가 되는 매장임대료. 월세랑 보증금을 2년간 지원을 해주기 때문에 손해 볼일이 없다.

그리고 아침부터 저녁까지 일하는 것이 아닌 나 대신 일해주는 관리자가 있는 것이다. 근로기준법에 부합하고 기본급 없는 관리자를 세움으로써 매달 돈을 벌어가는 것이다.

내는 거라곤 1억과 전기세, 수도세 등의 관리비뿐이다. 나머지 모든 것은 다 세팅이 되어 있기에 매달 수익을 받는 구조다.

현재 직장을 다니고 있다면,

재테크 자동화는 제2의 월급이 된다

노동을 통해 받는 월급과 재테크 자동화를 통해 얻는 월급이 합쳐지기에 삶은 더욱더 윤택해질 수밖에 없다. 월급만으로 부족했던 직장인이나 귀찮은 거는 딱 질색이지만 투자는 해야겠다고 하는 사람에게는 재테크 자동화는 선택이 아닌 필수다.

투자는 한마디로 나를 위해 일하는 '직원'을 늘리는 것과 같은 것이라고 했다.

하지만 실제로 직원을 늘린다면 어떨까. 물론 좋은 직원들도 많이 있겠지만, 개성이 강한 직원, 나와 맞지 않은 직원 등 다양할 것이다. 사람에게서 오는 스트레스가 그 어떠한 스트레스보다 강하다는 것을 알고 있지 않은가. 가장 힘든 싸움도 감정싸움인 만큼 같이 일하는 사람이 있다면 신경이 쓰일 수밖에 없을 것이다.

하지만 재테크 자동화는 나를 위해 일은 해 주지만, 내가 감정적으로 스트레스 받을 일도 없고, 매달 자동적으로 수익을 만들어주니. 내가 지칠 때나 힘들 때 든든한 조력자가 되는 것이다.

7

지치지 않는 재테크 자동화

내가 일하지 않아도 돈을 불리는데 어떻게 지치겠는가?

재테크의 필요성을 깨닫고 시작하더라도, 어쩌면 10에 8명은 재테크를 하다가 포기하는 경우가 많을 것이다. 그 이유는 무엇일까? 끈기가 부족해서? 노력이 부족해서? 크게 3가지 이유를 들어 말할 수 있다.

첫 번째, 시간 부족이다. 대부분은 직장을 다니는 직장인일 것이다. 그렇다면 9시에 출근해서 6시에 퇴근하고, 그 후 집에 오면 7~8시, 밥 먹고

쉬다 보면 8~9시는 금방 갈 것이다. 그렇다면 재테크를 위한 공부는? 하루 짬을 내봐야 3~4시간이지만, 이 역시 쉽지 않다. 아침 일찍 일어나는 것도 힘들지만, 직장 동료들과의 관계도 신경 쓰고 과장님 비위를 맞추며 살아가야 하다 보니 퇴근하고 나면 몸과 마음이 녹초가 될 수밖에 없다.

두 번째, 수익률이다. 나의 노력과 시간 대비 수익이 나지 않기 때문이다. '옆에서는 수익을 내고 있는데 왜 나만 안 나지?'라는 사람들이 많을 것이다. 그 이유를 생각해본다면, 방법이 잘못됐거나 아니면 누가 수익 좀 봤다고 해서 뒤로 안 돌아보고 같이 뛰어드는 사람일 것이다. 증권계에 친구가 있는데, 지인이 은행에 다니는데.", 심지어 "옆집 아저씨가 그러는데." 등 특히 고수익을 거둔 경험담이 있다면 성공할 수 있다는 환상에 빠져 시작했다가 실패하는 경우가 많을 것이다.

그리고 경기가 안 좋은 지금은, 주식이나 부동산보다는 집에서 무자본으로 할 수 있는 부업을 찾아 많이들 하고 있다. 유튜버, 블로그 쓰기, 전자책 쓰기, 구매대행, 쇼핑몰 등 말이다. 온라인 플랫폼에 들어가면 주로 이런 것들로 월 500만 원에서 월 1,000만 원은 쉽게 벌 수 있다고 하니 자본도 안 들어가겠다 해보는 사람은 많을 것이다.

하지만 결과는? 돈이 안 되는 경우가 많고, 수익 창출을 하려면 열심히 오래 반복해야지만 겨우 소액으로 가능하다.

세 번째, 귀찮음이다. 재테크도 다이어트와 마찬가지로, 결과에 도달할 때까지 끊임없이 나와 싸워나가야 한다. 하지만 작심삼일이라는 말이 있듯이, 꾸준히 무언가를 한다는 것은 쉽지 않다. 보통 어떤 일을 진행하고 좋은 결과를 바라보려면 마라톤을 하듯, 일정한 페이스로 꾸준히 열심히 해야 하지만, 100미터 달리기하듯 초반에 모든 체력을 다 낭비해서 결국 나가떨어지게 되는 것이다. 처음에는 뭐든지 다 할 수 있을 것 같은 의지가 불타오르지만, 하루, 이틀, 일주일, 한 달이 지나다 보면 처음 의지와 열정은 식어가는 것을 볼 수 있다. 그러면서 '돈 좀 못 벌면 어때, 귀찮은 거 싫어.' 하면서 포기해 버리고 만다.

그래서 우리가 재테크를 하려면 나의 시간을 최대한 빼앗지 않아야 하며, 내 노력 대비 100% 수익을 내야 한다. 그리고 귀찮거나 복잡해서는 절대 안 된다. 하지만 시중에서 쉽게 찾아볼 수 있는 재테크 방법으로는 세 가지를 모두 챙길 수 있는 것은 단언컨대 없을 것이다.

주식을 하더라도, 변동성이 크기 때문에 100%로 수익 창출하기엔 어렵고, 부동산 특히나 아파트나 토지는 공부한 만큼 결과가 뒷받침된다고 말할 수도 없을 뿐더러 장기전으로 가야 수익을 창출할 수 있는데 적어도 6개월에서 길게는 3년까지 본다. 그렇기 때문에 지치지 않고 지속적으로 버는 방법은 이승주식 재테크 자동화밖에 없다.

우리가 쉽게 지친다는 것의 사전적 의미는 '힘든 일을 하거나 어떤 일에 시달려서 기운이 빠지다 혹은 어떤 일이나 사람에 대하여서, 원하던 결과나 만족, 의의 따위를 얻지 못하여 더 이상 그 상태를 지속하고 싶지 아니한 상태가 되다.'를 의미한다.

하지만 이승주 소장님께서 말씀하시는 재테크 자동화 1억 창업은?

내가 직접 일하지 않기 때문에 시간도 벌 수 있고, 사업 리스크는 거의 0%에 가까운데 과연 기운이 빠지거나 만족을 얻지 못해서 하기 싫은 상태가 될 수 있을까? 절대 아니다. 오히려 지친다는 표현은 나와 맞지 않는 직장을 계속해서 다니면서 나의 소중한 시간과 힘을 뺏는 일이라고 볼 수밖에 없다.

그렇기에 재테크 자동화는 선택이 아닌 필수적으로 필요하다. 직장을 다니면서 제2의 월급으로 파이프라인을 구축해 나갈 수도 있을 뿐더러, 굳이 직장을 다니지 않더라도 나는 하고 싶은 거 하면서 지내고, 재테크 자동화를 통해 돈이 돈을 벌려 알아서 계속적으로 들어오니 안 할 이유가 없지 않겠는가.

다른 재테크 자동화 방법도 있지만 굳이 이승주식 재테크 자동화 방법을 강조하는 데는 이유가 있다. 흔히 알고 있는 무인 시스템으로도 돈을 벌릴 수도 있다. 무인 편의점, 무인 밀키트, 무인 아이스크림, 무인 세탁소 등 말이다. 무인 편의점이나 무인 아이스크림으로 운영한다면 가장 큰 비중을 차지하는 인건비를 줄일 수 있어 장점이 될 수 있다. 하지만 주로 고객층이 아이들이다 보니 도난이나 파손 사건이 빈번히 발생하고, 요즘에는 레드오션으로 많은 점포가 있기에 매출 적인 측면에서도 많은 수익을 기대하기 어렵다. 그리고 무인 밀키트 같은 경우에는 싸고 편한 것은 사실이지만, 시중에 있는 오프라인 매장에 밀키트 종류가 다양하지 않기 때문에 단골을 만들 수 있는 구조 자체가 되지 못한다. 더군다나 유통기한도 짧고, 온라인에서도 밀키트를 많이 판매하다 보니까 굳이 집 밖에 나가서 사는 사람이 몇이나 될까? 다른 곳과 다른 경쟁력이 없다면 지속하기 쉽지 않을 것이다.

그리고 무인 세탁소는 코인을 넣어서 운영이 이루어진다. 그렇기에 도난이나 파손 사건은 없겠지만, 들어가는 비용에 비해 대박 수익을 내기는 어렵다. 무인 세탁소가 유명해서 줄 서서 빨래하기 위해 기다리는 경우를 본 적이 있는가. 아무리 마케팅이 뛰어나도 주변 상권만을 고객으로 하기에 많은 수익률을 가져가기는 어렵다. 그리고 무엇보다 세탁기나 건조기는 기계다 보니까 고장이 잘 날 수 있고. 청소 관리도 신경 써야 한다. 그리고 무인 세탁소 운영하시는 분이 하시는 말씀이 청소하는 것보다 24시간으로 돌다 보니 하는 방법을 몰라 새벽에 전화하는 사람이 많아 잠을 편히 잘 수가 없어 스트레스를 많이 받는다고 했다. 아마 웬만한 무인 시스템도 그럴 것이다. 그렇다면 이것을 재테크 자동화라고 할 수 있을까? 비록 내가 매장에는 없어도 전화로 그것도 자야 하는 새벽까지 전화를 받아야 한다면 수익이 나더라도 정신적 스트레스가 더 크지 않을까?

우리는 무엇보다 재테크를 함에 있어 지치지 않아야 한다

더군다나 정신적 스트레스를 받아서는 더더욱 안 된다. 재테크는 우리가 자유롭게 살 수 있도록 해주는 조력자이다. 단지 도와주는 것이지 되려 스트레스를 받는다면 안 하는 것이 낫지 않겠는가. 그래서 이승주식 재테크 자동화는 어떤 것과 비교해 보아도 최고의 방법이라고 할 수 있다. 지금 1억을 투자해서 내 사업체를 가지는 것은 쉽지 않다. 매달 나가는 임대료도 부담이 될뿐더러 수익이 100% 난다고 보장하기는 어렵기 때문 아닌가.

하지만 1억 창업은 오프라인 매장 지원에 2년간 임대료를 지원해주기 때문에, 고정적으로 나가는 지출은 전기세나 수도세 등의 관리비다. 그리고 많이들 걱정하는 것이 인건비다. 2023년 기준 최저시급 9,620원을 감안하더라도 월급은 201만 원이다. 한 명만 했을 때 매달 이렇게 나가는데 만약 수가 더 많아진다면 많은 금액이 깨질 것이다.

하지만 1억 창업은 급여를 줄 필요가 없는 관리자를 지원해 주기 때문에 인건비에 대한 부담 역시 줄어들게 되는 것이다. 그리고 책상 의자와 같은 필요 집기를 지원해주고 기본 인테리어나 현판을 지원해주기 때문에 안 할 이유가 없는 것이다.

괜히 다른 사람 말 듣고 아무 준비 없이 시작해서 시작하기 전만도 못한 상황이 도래하기 전에, 이승주식 재테크 자동화 방법을 먼저 알았으면 좋겠다. 자세히 말해주고 싶어도 책에서 정확히 다루지 못하는 이유 역시 진입 장벽이 낮다면 그만큼 경쟁은 곧 심해질 것이다. 뭐든지 처음에는 다 블루오션에서 시작한다. 하지만 네트워크 시대에 모든 정보는 공유가 되기 마련이다. 그러면서 점차적으로 레드오션으로 바뀌게 되며 처음 시작했던 사람들을 제외하고는 폐업하거나 포기를 할 수밖에 없다.

그러면서 운 좋게 블루오션 때 시작하여 돈을 많이 벌고, 그 지식을 바탕으로 강의나 유튜브를 찍으니 번 사람은 계속해서 벌고, 정보통이 늦은 사람은 계속해서 돈을 쓰는 것이다.

이 글을 읽는 당신은 돈을 쓰더라도 100% 수익이 보장된 곳에 투자하길 바란다. 계속해서 돈 벌 수 있다는 광고를 쫓는 것 역시 절박하기 때문 아닌가. 돈 때문에 스트레스를 받아왔던 당신이라면, 더더욱 힘들어하지 말고 이승주식 재테크 자동화를 통해서 돈을 불려 나가자.

우리의 최종적인 목표 시간적 경제적 자유를 누리기 위해서 말이다.

8

재테크는 우울증을 고친다

돈을 많이 벌면 우울증도 낫는다

우울증, 즉 우울장애는 현대 사회에 살아가고 있는 사람이라면 여러 이유로 겪고 있는 질병 중 하나이다. 몸이 좋지 않아서 혹은 대인관계 문제나 경제적 문제 등 말하지 못하는 다양한 이유가 있겠지만, 그중 가장 큰 비중을 차지하는 건 다름 아닌 '돈', 즉 경제적인 문제이다.

(특히나 우리나라 사람 중 우울증 지수가 가장 높게 나왔던 연령층은 60~70대 노년층이다. 은퇴에 대한 막연한 생각으로 '그때가 되면 어떻

게든 되겠지.' 하는 마음으로 살아가다 보니 생활고에 시달리시는 분이 많다는 것이다.)

그러면서 이를 고치기 위해서는 명상이나 운동, 음악을 들음으로써 해결하거나 심각하면 약물치료를 통해서 극복해 나갈 수 있다고들 말한다.

하지만 감기에 걸렸을 때 '극복해 나가야지.'라고 말하지 않는 것처럼, 감기보다 더 심각한 질병인데다 심각하면 자살 사고까지 일어날 수 있는 마음의 병을 극복하기란 쉽지 않을 것이다. 돈 문제로 우울증을 겪고 있는 사람에게 '일주일에 2번씩 운동하세요, 마음이 편안해지면 좀 나아질 테니 명상하세요.'라고 말하고 행동함으로써 일시적으로 우울증이 완화될 순 있다. 하지만 원인은 '돈'이다. 의욕이 생기고 열정이 생겨서 우울증 지수가 낮아질 순 있겠지만, '돈'의 문제를 완전히 해결해주지는 못하기 때문에 다시 재발할 수 있다는 것이다.

그래서 우리는 '문제의 원인을 파악하고 그 원인을 뿌리째 뽑으면 해결된다.'라는 말처럼, 우울증을 바로 고칠 수 없다면, 근본적인 뿌리인 '돈'의 문제를 해결한다면 자연스레 우울증은 고쳐질 수밖에 없다. 이승주 소장님께서도 말씀하셨다. "월에 몇 억 이상 돈을 많이 벌면 우울증이 나을 수밖에 없다."

우리 인생 가운데 돈이 전부가 될 수는 없지만, 자본주의 사회에 살아가고 있는 우리에게 돈은 없어서는 안 될 존재이다. 경제적으로 풍요로워져야만 굳이 원치 않은 일을 하지 않아도 되고, 먹고 싶은 게 있거나 하고 싶은 게 있다면 마음껏 할 수 있는 시간적 자유 역시 허락된다.

하지만 돈이 없다면 내가 가고 싶은 곳이 있어도, 갖고 싶은 것이 있어도, 참으며 살아갈 수밖에 없다. 지금 직장을 다니고 있는 직장인들도 마찬가지다. 하고 싶은 일이기에 다니는 사람도 있겠지만, 가기 싫어도 퇴사하지 못하고 계속 다니는 사람도 많을 것이다. 그러면서 회사라는 공간에서의 시간적 얽매임, 대인관계 문제로 인해 오는 스트레스를 견디며 적은 월급으로도 만족할 수밖에 없는 이유 역시 '돈' 때문이다.

그렇기에 돈으로 행복의 방해조건을 제거하면 행복할 확률은 몹시 높아진다. 불행한 가정은 모두 저마다의 이유로 불행하지만, 이때 100%의 불행한 원인이 있으면 보통 97%는 돈으로 해결할 수 있다.

진로 문제로 싸우는 부모와 자식 간의 싸움, 맞벌이 문제로 싸우는 부부간의 싸움, 하다못해 알코올 중독에 걸린 부모님까지도 돈으로 해결해준다. 완전히 근본적인 불행 자체를 해결할 수는 없지만, 돈으로 파생되는 걱정거리는 줄어들 수 있다는 말이다. 그래서 우리는 이러한 불행을 막기 위해서라도 재테크는 반드시 해야 한다.

우리나라는 은퇴 준비 부분에 있어서 다른 나라와는 다르게 많이 부족하다. 미국이나 유럽 같은 나라에서는 노후 자금을 모으기 위해 젊은 시절부터 복리 수익을 가져오는 펀드에 오랫동안 투자해 나가면서, 그 누구에게도 의지해 나가지 않고, 자식들에게도 역시 독립하고 자립해 나갈 수 있도록 고등학교까지만 지원을 해준다.

이에 비해 우리나라는 어떤가? 노후 대비 부분에 있어서 굉장히 무지하다. 좋은 대학, 좋은 직장을 위해서 국어, 영어, 수학학원을 보내며 좋은 성적을 유지하려고만 해 왔지, 경제 관련 학원을 다니며 공부를 해본 사람은 거의 없을 것이다.

그렇다고 모든 청소년들이 공부를 다 잘하냐? 그것도 아니다. 사람들마다 잘하는 것도 다 다를 것이고, 특히나 상대평가의 지옥에서 1등급만 인정해주는 세상 속에서는 더더욱 그렇다. 그렇게 악순환은 반복된다.

그래서 우리는 하루라도 빨리 경제적으로 바로 서야 한다. 지금 직장을 다니는 20대든, 40대든, 50대든 말이다. 같은 월급을 받으며 직장생활을 하더라도 왜 누구는 부자가 되고, 왜 누구는 가난한 사람이 되겠는가. 결국 자본 문제가 아닌 재테크 문제다.

오로지 직장에서 받는 근로소득만으로는 우리는 절대 행복할 수도 부자가 될 수도 없다. 일어나기 싫은 아침, 알람 소리와 함께 일어나 9시까지 출근하고, 끝이 나지 않는 업무와 함께 6시까지 회사에서 모든 시간을 보내며, 집에 와서 가족들이랑 밥을 먹고 나면 하루가 끝이 난다.

당신은 하루를 돌아보았을 때 어떤가. 직장을 다닌다면 나에게 집중할 수 있는 시간은커녕 회사를 위해 전전긍긍하며 하루하루를 살아가지는 않는가. 내가 원치도 않은 일을 해가며 시간을 보내고 있다면 당연히 우리의 몸과 마음이 지칠 수밖에 없다.

하지만 그렇다고 그만큼의 보상이 따라오는 것은 아니다. 직장인들 대부분은 돈을 벌지만, 월급만으로는 항상 부족함을 느낀다. 직장생활을 하면서 가장 많이 들었던 말은 "뭐 먹을까?" 그리고 "돈 없어."라는 말이다.

한 달을 고생해서 단 한 번의 월급을 받지만, 그 역시 턱없이 부족하다. 그렇다 보니 내가 몸이 좋지 않을 때도 병원 치료는커녕 '한번 참고야 말지 무슨 병원이겠어.'라며 넘기고, 먹는 것도 최대한 아끼며, 취미생활이 있더라도 참을 수밖에 없다. 그렇지 않겠나. 가진 돈은 10만 원인데 레스토랑을 가고, 바다를 보고 싶다고 요트를 타고 놀러 다닐 수 있겠는가. 절대 아니다. 돈이 없다면 할 수 있는 폭이 제한될 수밖에 없다. 마치 돈이 나에게 맞추는 것이 아닌, 내가 돈에게 맞춰 사는 것처럼 말이다. 그렇기에 우리는 돈에 대한 주도권을 잡기 위해서라도 반드시 재테크를 해야 한다.

내가 가장 싫어하는 말 중 하나가
"없으면 없는 대로, 있으면 있는 대로 살아."라는 말이다

돈이 없으면 없는 대로 맞춰 살라는 말이 어떻게 보면 더 노력해서 벌생각보다는 '지금에 안주하며 그대로 살아'라는 뜻이고, 어쩌면 성장할 수 있는 기회조차 박탈시킬 수 있기 때문이다. 왜 똑같이 태어났는데 누구는 잘살고, 누구는 돈에 허덕이며 힘들게 살아야 하겠는가. 우리도 충분히 할 수 있다.

내가 몸이 안 좋으면 제대로 치료도 받고, 내가 세계 일주 떠나는 게 꿈이라면, 가고 싶은 날에 떠나며, 하고 싶은 취미가 있다면 망설이지 않고 할 수 있을 정도로 말이다.

단군 이래 돈 벌기 쉬운 시대라는 말을 많이 들었지만, 맞는 말이다. 조선시대만 하더라도, 양반, 중인, 상민, 천민 이렇게 계급이 정해진 사회였다. 만약 이때 태어났다면, 부모가 천민이면 천민으로밖에 살 수 없었던 사회라는 말이다.

하지만 지금은 어떤가. 돈을 벌 수 있는 계급이 정해져 있는가. 흙수저는 영원한 흙수저인가. 절대 아니다. 그렇게 따지면 자수성가한 사람들은 뭐가 되겠는가. 우리가 충분히 바뀌고 싶다면 흙수저로 태어났어도 충분히 은수저나 금수저가 될 수 있다.

지금도 충분히 늦지 않았다. 힘들다고 한없이 주저앉는다면, 우리의 몸과 마음은 피폐해진 모습 그대로 영원히 그 자리에 머물 것이다.

우리는 바뀌어야 한다. 100세 시대 아니 120세 시대라는 말까지 나오는 장수 시대에 말이다. 일할 수 있는 나이는 정해져 있지만, 살아갈 날들은 늘어나고 있는 이 상황 속에, 제대로 준비하지 못해 경제적 어려움을 겪으며 살아갈 것인지, 아니면 조력자가 되어주는 재테크 자동화를 통해서 경제적 시간적 자유를 누리며 행복하게 살지는 당신에게 달려 있다. 선택은 대신해 주는 것이 아닌 당신 몫이다.

하지만 후자가 되길 바란다. 지금까지 고생은 고생대로 다 하며 파란만장한 인생을 살아온 당신이라면, 더 이상 힘들어하지 않았으면 한다. 고생 끝 행복 시작이라는 말이 있듯이 한 번뿐인 인생을 흘러가는 대로 놓아버리는 것이 아닌, 소중한 인생, 소중한 사람들과 함께 건강하게 살면서 말이다.

3장

재테크 자동화
이렇게 시작하라!

1

삶이 힘들수록 재테크하라

재테크할 돈이 부족하다고? 가만히 있는 게 답은 아니다

우리가 돈을 벌려고 하는 이유는 단 하나다. 힘든 삶 속에서 벗어나기 위해서다.

혹시 돈이 부족해서 삶이 힘든 순간을 느껴본 적이 있는가? 아파서 병원 가야 하는데 금액이 부담되어서 망설여질 때, 맛있는 게 먹고 싶은데 돈이 부담되어서 망설여질 때가 한 번쯤은 있었을 것이다. 먹는 것은 그렇다 쳐도, 아픈 것도 서러운데 돈이 부담돼 병원까지 망설인 사람이라면 그런 사람에게 재테크는 선택이 아닌 필수다.

더 안타까운 사실은. 노동으로 돈을 벌 수 있는 나이에는 한계가 있지만, 평균 수명이 길어진 만큼 지출해야 할 돈 역시 점점 늘어나고 있다. 현재도 마찬가지겠지만, 노령화 사회의 기나긴 경제적 은퇴 기간에서도 하고 싶은 것도, 갖고 싶은 것도, 나름대로 목표도 있을 것이다. 이것들을 이루기 위해선, 지금 힘들다고 해서 흘러가는 대로 살면 절대 안 된다. 그러면 평생을 망설이는 삶을 살아가게 될 것이다.

우리와 다르게, 유대인들은 아이가 13세가 되는 해에 성인식을 치르는데, 이때 친척들을 통해 축의금으로 한화 5,000~7,000만 원 정도의 돈을 받게 된다. 이 자금은 부모의 조언을 받아 책임지고 부동산, 주식, 적금 등에 분산 투자해 본인의 종잣돈으로 사회에 나가 사용한다는 유대인 경제교육법 중 하나가 있다.

우리나라로 따진다면 초 6학년인데 감히 상상할 수 있는가. 물론 유대인들만의 방식이 있기에 100% 따라 할 순 없어도, 은퇴 후 먹고살아야 할 고민은 은퇴할 시기에 고민하는 것이 아닌 지금부터 꾸준히 고민하고 공부해 놓아야 한다. 13세부터 자금을 운용해 본 경험이 있는 자와 은퇴 후 60세부터 무엇인가를 시작하려는 사람과는 출발선상에서부터 분명한 차이가 있지 않겠는가.

얼마 전 CNN머니에서 재산을 줄이는 7가지 습관을 소개하면서, 자산과 부채를 효율적으로 관리하는 요령을 알려주며, 재산을 줄이는 가장 나쁜 습관은 자신의 자산을 전혀 운용하지 않는 것이라고 했다. 이제는 예전같이 안 쓰고, 안 먹고, 하고 싶은 것을 덜 하며 아끼는 세상이 아니라. 자신에게 맞는 적정한 재테크를 통해서 자산을 불려 나가야 한다.

사는 게 생각대로 되면 참 좋겠지만, 불공평하고 제멋대로 굴러가는 게 인생이다. 그러기 때문에 재테크는 반드시 완성해야 하는 숙제이다.

앞서 먼저는 돈을 어떻게 관리를 하는지 더 중요하다. 아무리 연봉이 높더라도, 돈이 모이지 않는다면 그것은 문제가 있는 것이다. 아무리 물을 많이 부어도 항아리 밑에 구멍이 나 있다면 무용지물인 셈이다. 그렇기에 먼저는 궁극적인 목표를 세우고, 나의 수입과 지출을 제대로 알아야 한다.

주택자금 마련인지, 은퇴자금인지, 자녀교육인지 정한 다음, 나의 소득 그리고 고정지출과 변동지출을 작성하고, 나에게 맞는 포트폴리오를 작성해서 돈의 흐름을 먼저 살펴본 후, 투자를 하는 것이 바람직하다. 약간의 우스갯소리이지만 '고기도 먹어본 사람이 잘 먹는다.'라고 직접적이든, 간접적인 경험이든 해본 사람과 해보지 않은 사람의 차이는 크다.

가만히 있는다고 답이 아니다. 재테크를 하는 것이 두려워서 그냥 살아간다고 변하는 것은 없다. 내가 만약 지금까지 근로소득으로만 돈을 벌어왔다면, 직책과 연봉이 조금 오르는 것 빼고는 변화된 게 있는가? 안타깝게도, 그 월급보다 더 빠르게 오르는 게 물가이다.

과거에는 성실히 직장 다니면서 돈을 저금만 잘해도 중산층은 잘할 수 있었지만, 지금은 20년 전에 비해 은행에 돈을 맡기면 주는 이자가 10분의 1 수준으로 떨어졌다. 이제 더 이상 월급을 저축한다고 해서 집을 사고, 남들처럼 사는 것이 더 이상 불가능하다.

내 월급 빼고 다 오르는 현실 속에서 절대 가만히 있어서는 안 된다. 월급으로는 절대 재테크가 어렵다. 어떤 금융 상품이라도 투자해야 살아남을 수 있는 시대다. 빠르면 빠를수록 좋다. 남들보다 더 빨리 시작함으로 남들보다 빨리 실패를 할 수도 있겠지만, 실패의 경험은 분명 득이 될 것이며, 남들보다 빨리 성공할 수 있는 밑거름이 될 것이다. 그렇기에 경험을 통해 시행착오를 줄이고, 빨리 맞는 방향을 잡고 움직인다는 것은 중요하다. 투자의 가치는 시간이 지날수록 올라간다. 하루라도 빠르게 재테크를 시작하는 것이 최고의 재테크 방법이다.

맥킨지 글로벌 연구소(MGI)에서는 한국 경제는 '서서히 뜨거워지는 물속의 개구리'와 같다고 했다. 끓는 물속에 들어간 개구리는 바로 뛰쳐나와 목숨을 건지지만, 서서히 뜨거워지는 물속에서는 위기인 줄 모르고 죽는다는 말처럼 말이다.

직장은 조용히 끓어오르는 물속의 개구리다. 처음에는 개구리는 모른다. 자신이 펄펄 끓는 물에서 죽을지를, 물은 아직 차갑고, 매월 들어오는 달콤한 월급에 눈이 멀어 있기 때문이다. 하지만 조금씩 물은 따스해지다가, 결국 물이 끓어오르면 개구리는 자신이 왜 죽는지조차 모른 채 죽고 만다. 그러기 때문에 월급에만 의존하는 삶이 아닌 재테크를 통해 뜨거운 물이 나에게 다가왔을 때 죽지 않기 위한 준비를 제대로 해야 한다.

하지만 재테크를 하고 싶어도 거의 웬만한 재테크는 시드 즉 자본금이 필요하다. 일전에 말했던 것처럼 부동산 투자를 하고 싶어도, 아무리 대출받는다 한들, 고금리 시대에 거기에 따른 이자는 어떻게 감당할 것인가. 그렇다고 소액으로도 가능한 주식이나 코인은 원금 손실 위험이 상당하다. 보통 웬만한 것을 덤벼볼 만해도 보통 1억 이상은 필요하다. 하지만 현실적으로 월급만으로 1억을 모으는 것은 쉽지 않다는 것은 사실이다. 그렇다면 추가적인 근로소득으로 모으겠는가. 아니면 재테크로 얻겠는가.

안 그래도 직장 다녀오면 녹초가 되는 삶 속에, 다시 또 밖으로 나가 쉼 없이 노동하는 것은 인생의 나이를 깎아 먹는 것이라고 볼 수 있다. 왜 한 번뿐인 인생을 그렇게 살아야 하는가.

당신은 소중한 사람이다 절대 돈에 끌려가지 마라

정답은 재테크다. 관심은 많지만, 자금이 부족해 어디서부터 어떻게 시작해야 하는지 모를 수 있다. 그렇다면 지금 당장 자수성가 공부방에 가입해라. 자수성가 공부방에서는 자금이 넉넉지 않아도 부업을 통해 돈을 버는 방법을 알려준다. 이뿐 아니라 쇼핑몰, 사업, 창업 등등 방법을 알려주는 곳이다.

요즘 쇼핑몰이라고 하면 오프라인이나 온라인 쇼핑몰 하는 사람 주변에 한두 명씩은 꼭 있을 것이다. 어떤가. 운영한다고 하더라도 꼭 돈을 많이 버는 것은 아니지 않는가.

하지만 자수성가 공부방을 운영하는 이승주 소장님께서는 23세의 나이에 온라인 쇼핑몰로 월 1,000만 원 이상 찍었다고 하면 말 다하지 않았나. 그리고 씨드가 부족해서 부업으로 시작했지만, 사업만큼 벌릴 수 있다고 한다면 그것을 마냥 부업이라고 할 수 있을까?

그리고 무엇보다 쇼핑몰이나 사업을 한 번도 안 해본 사람은 전문가의 도움 없이 절대로 도전하기 힘든 영역이다. 원리를 알아야 하는데 사업 초보가 처음부터 잘할 수 있겠는가.

이승주 소장님께서는 항상 말씀하셨다. 부업으로 1,000만 원 벌어보면 뭐든 할 수 있다고, 부업을 잘하면 사업이나 쇼핑몰 진입이 쉽기 때문에 기초를 먼저 다져야 한다고.

돈을 모으는 이유 중 하나는 우리는 돈을 불리기 위함인데 방법도 모르고 재테크에 ㅈ자도 제대로 모르는 사람이 하라고 한다면 100이면 100 망하게 될 것이다. 뭐든지 전문가는 필요하다. 우리보다 먼저 그 길을 가보고 많은 시행착오를 겪었으니까. 하지만 여기서 중요한 것은 TV를 봐도 전문가라는 사람들이 돈 버는 방법을 쉴 새 없이 이야기한다. 금융전문가, 부동산전문가, 투자전문가. 그들이 돈을 벌었다는 얘기를 들어보면 당장이라도 부자가 될 것만 같지만, 돈을 버는 방법을 하나씩 살펴보면 알 수 있을 것이다. 어떻게 이익을 발생시켰는지, 전문가인지 아닌지를 구별할 수 있는 선별력이 중요하다.

하지만 이승주 소장님께서는 0원짜리 통장을 까서 공개 코칭으로 월 1,000만 원 이상 버는 제자들을 수없이 배출해 내었다. 나는 지금까지 몇 천 만 원 넘는 강의비를 결제하면서 책에서도 볼만한 내용을 가지고 강의하는 사람, 기본적인 지식만 말하는 사람 등등 사람들에게 많은 기회가 열려 있는 만큼 제대로 된 전문가를 찾는 것이 쉽지 않았다.

하지만 자수성가 공부방은 달랐고, 나의 삶도 정말 많은 것이 달라졌다. 의욕은 넘치나 쉽게 포기하는 내가 끝까지 믿고 가고 싶다고 생각할 정도면 말 다하지 않았는가.

항상 사람들이 나에게 하는 말이 '운전할 차들은 많이 가지고 있지만, 정작 도착지에 골인한 차는 없다.'라는 말을 할 정도로, 끈기가 굉장히 부족한 아이였다. 하지만 그런 나도 작심삼일 없이 꾸준히 해 나가고 있다.

가만히 있는 것은 정말 바람직하지 않다. 뭐라도 해야 한다. 하지만 재테크 시작할 돈이 없다면 자수성가 공부방을 통해서 종잣돈을 마련해서 돈을 굴려나갔으면 좋겠다.

아래 링크를 통해서 신청서를 남겨주면 무료 상담이 가능하다. 단 정말 삶이 힘들어서 제대로 재테크를 해보고 싶은 분들만 신청을 남겨라.

(http://s.noa.sg/0acrvymX)

2

무조건 1억부터 모아라

돈을 모으는 것에 있어서 가장 중요한 것은 목표를 세우는 것이다

목표가 있는 삶과 목표가 없는 삶은 확연히 다르다. 목표가 없다면 정상에 도달하기도 전에 무너지기 쉽다. 그래서 우리는 1억이라는 숫자가 목표로 삼기에 상징적인 의미를 담고 있다 보니 1억부터 모으라고 하는 것이다. 그렇다면 1년 안에 1억을 모으려면 하루 한 시간 얼마를 모아야 하는지 수치화 시키는 것은 굉장히 중요하다. 머릿속에서 단순히 '1년 안에 1억을 모아야지.'라고 생각만 하는 것과 수치화해서 적어놓고 매일 보는 것은 목표화하고, 거기에 따른 행동을 하는 것에 있어서 상당한 차이가 있기 때문이다.

수치화하면 다음과 같다. (월 28일 기준으로 잡았을 때)

– 한 달에 모아야 하는 금액은 1억 ÷ 12개월 = 약 834만 원

– 이것을 일주일 기준으로 쪼개본다면 하루 834만 원 ÷ 4주= 약 208.5만 원

– 이것을 하루 단위로 쪼개본다면 208.5만 원 ÷ 7일= 약 30만 원

– 마지막 한 시간 단위로 끊으면 30만 원 ÷ 24시간= 약 12,400원이 나온다.

어떤가. 이렇게 쪼개면 쪼갤수록 굉장히 수치화가 되면서 좀 더 쉽게 다가오지 않는가. 우리는 충분히 1억을 모을 수 있다. 정보가 부족했을 뿐이지 모으는 방법은 다양하다. 1억 모으는 방법 하나하나 파헤쳐보자.

1억을 어떻게 벌 것인가?

첫 번째, 부동산 투자다. 10년 주기 사이클이 있다고 많이 한다. 매매 가격 변동률을 보게 되면, 2008년 금융위기가 발생하기 전까지는 가파른 상승세를 보였다. 특히나 2006년에는 24.11% 상승했다. 그러다 2010

년부터 2013년까지 4년간 하락했고, 그 이후 2014년부터 2022년까지 (2019년 코로나 팬데믹으로 인해 주춤한 것 제외하고는) 8년 동안 집값은 꾸준하게 상승한 것이다. 부동산은 단기로 보고 투자할 수 있는 상품은 아니다. 최소 8년 정도는 투자해야 안전하다고 볼 수 있다. 만약 지금 시드가 있어서 8년 이상을 바라볼 수 있다고 한다면 부동산 투자하는 것은 나쁘지 않겠지만, 단기 투자하기에 현재로서는 좋지 않은 시점이다.

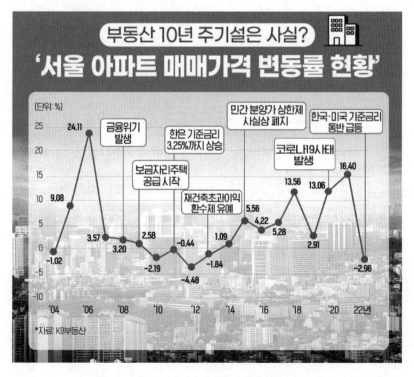

(출처:KB 부동산)

두 번째, 주식, 채권, ETF, 펀드에 투자하는 방법이 있다. 이것은 경제의 본질로, 크게 실물 경제와 화폐경제로 나뉜다. 실물 경제가 노동, 재화, 서비스 시장과 같은 물건을 사고파는 시장을 이야기한다면, 화폐경제는 실체를 눈으로 볼 수는 없지만, 계좌에 찍혀 있는 숫자를 의미한다. 하지만 문제는 지금은 인플레이션 때문에, 실물 경제는 조금 정체되고 무너지고 있지만 화폐경제는 계속 성장해 나가고 있다. 이것을 버블 경제라고 한다.

'버블이 꼈다, 거품이 꼈다.'라고 하는데 우리나라 코스피 지수가 조금 높은 것을 보더라도 알 수 있다. 현재 은행에 가면 한국은행 통화 회수율이 낮아져 통화량 관리 문제로 5만 원권을 줄인다는 문구도 많이 보았을 것이다. 아니 이게 말이 되는가. 은행이 현금이 부족하다는 것이. 하지만 사실이다. 실체는 없고, 실질적으로 그만큼 현금이 돌고 있지 않다. 하지만 주식시장이나 펀드는 어떤가. 나름에 호황을 타고 있지 않은가. 호재 거리가 있는 것도 아니지만, 한순간에 10% 50% 그 이상씩 껑충 뛰는 것처럼 말이다. 이렇듯 실체가 없는 화폐경제가 성장하는 것은 버블 경제이기 때문에 언젠가는 무너지기 마련이다.

세 번째, 예적금이다. 먼저 적금. 단리 기준 약 3.8% 기준으로 계산을 해봤을 때, 15.4%를 제하고 세후 수령액이 1억을 넘기려면 월 820만 원씩 납입해야 한다. 한 달 기준 834만 원 모아야 하는데 약 14만 원 정도 줄인 셈이다. 만약 예금이라고 한다면 이자로 1억을 받기 위해서는 대략 32억 정도를 맡겼을 때 이자로 받을 수 있는 것이다. 32억 현실적으로는 쉽지 않다. 그리고 가장 안전한 투자 방법이라고 생각하지만, 절대 아니다. 자세한 사항은 뒷부분에서 다루겠다.

네 번째, 금이나 달러에 투자하는 방법이 있다. 금은 매입할 때와 매도할 때 갭이 발생한다. 그 이유는 실물 금을 매입하게 되면 10%의 부가세를 납입해야 한다. 하지만 팔 때는 이거를 붙여서 주는 게 아니다 보니 10% 이상 오른 것이 아니라고 한다면 의미는 없다.

그리고 요즘 금 통장이라고 해서 은행에서 가입할 수 있지만, 이곳 또한 매수하거나 매도할 때 각각 1%의 수수료를 부과하고, 나중에 수익이 발생했을 때 차익의 15.4%의 이자 소득세를 부과하니 이렇게 저렇게 빠진다고 하면 남는 것은 없을 것이다. 그냥 오랫동안 묻어둘 것이 아니면 말이다.

그리고 달러. 이거 역시 매수와 매도와의 갭이 발생한다. 실물 달러는 매수 가는 높고 매도는 낮다. 결국 그냥 사서 그냥 팔기에는 달러가 계속 치고 올라오는 게 아니기에 투자하기엔 부적절하다. 이거 역시 은행에서 가입이 가능한 외화 통장이 있다. 우리나라 돈을 넣지만 달러로 거래를 할 수 있게 해서 나중에 찾을 때 달러로 찾을 수도, 우리나라 한화로도 찾을 수 있다. 하지만 달러로 인출 하게 되면 원화로 환산한 금액의 1.5% 수수료를 또 떼간다. 이렇듯 수수료도 많고 이자소득세 등 빼다 보면 쉽지 않다.

다섯 번째, 부업이다. 말 그대로 다른 수입원을 만들겠다는 말이다. 어떻게 보면 가장 현실적인 방법이다. 대한민국을 살아가는 안에서 내가 가지고 있는 게 많지 않은 상황이라면 1년 안에 1억을 모으려고 하면 쉽지 않다. 그렇기에 지금 내가 하는 것 이외에 교육받고 공부하고 그것을 실천하는 것이 가장 빠른 방법이 될 수 있다. 하지만 검증된 곳에서 교육받고 훈련하는 것이 쉬운 것 같으면서도 쉽지 않다. 월 500만 원 벌게 해주겠다, 월 1,000만 원 벌게 해주겠다 등 채팅방 같은 곳에서 무료 강의는 넘쳐난다. 그렇지만 막상 들어가서 확인해보면 그들의 컨텐츠를 팔고 있다. 그러면서 전자책을 팔고 강의 팔고 실질적으로 돈 벌게 하는 방법을 안내해주고 그것에 대한 시스템을 갖춰 제공해 주는 곳이 많지 않다.

배워서 내 것으로 했을 때 정말 돈이 된다는 것을 알아야 하는데 말이다.

적어도 1억부터 모아라

1억을 모으는 방법은 많다. 그리고 그만큼 모으고 싶은 사람도 많다. 하지만 말만 하지 행동으로 옮기는 사람은 많지 않다. 1억을 모으길 원한다면, 시간당 12,400원씩을 모아야 하는데 말이다. 부자들의 공통된 특징 중 하나는 시간 관리에 있어서 엄청나다. 하지만 지금 모습은 어떤가. 핸드폰 보는 시간, 노는 시간, 자는 시간이 훨씬 많지 않은가?

정말로 1억을 모으기 원한다면 월, 일, 시 단위로 쪼개서 적는 게 좋다. 1억이라고 하면 다가가기에 멀게만 느껴질 수 있지만 쪼갠다면 훨씬 다가가기 쉬울 것이다. 생각만 하는 것과 글로 적고 매일 보면서 느끼는 것은 결과가 완전히 다르다. 그리고 목표를 이루기 위해 어떻게 그 금액을 만들지 끊임없이 고민하다 보면 반드시 적합한 방법이 떠오를 것이다. 핑계 대서는 안 된다. 절대 못 모은다. 하지만 아무리 고민해봐도 해결책을 모르겠다고 하면 더 이상 아깝게 거기에 시간을 할애하지 마라.

시간은 돈보다 더 중요하다. 시간이 지나가고 나면 절대 돌아오지 않는다. 그렇게 시간을 할애하는 것보다는 차라리 제대로 된 전문가에게 돈을 주고 배워서 솔루션을 받는 게 훨씬 더 효과적이다.

모르겠다고 하면 그 방법을 알려주는 곳이 있다.

(http://s.noa.sg/ _07S5Zw5)

계좌 오픈한 공개 코칭으로 검증된 이승주 소장님께서 돈 버는 방법을 직접 교육하고 계신다. 바로 들으라고 하지 않는다. 먼저 돈 버는 방법을 고민해 보다가 잘 모르겠다고 하면 그때 받아보고 내 것으로 하는 것이 좋다. 그래야 훨씬 시간 절약이 될 것이고, 돈을 빨리 벌 수 있는 하나의 방법이다. 만약 이미 1억이 있다면 더 좋다. 돈이 돈을 벌게 하는 구조를 만드는 것이다.

스노우볼처럼 말이다. 100만 원의 10%는 10만 원이 되지만, 1억의 10%는 1,000만 원이다. 많으면 많을수록 그에 따른 수익도 많아진다. 그렇기에 적어도 1억부터 모아라.

3

1억이 없다면 창업이 답이다

리스크를 줄이고 경험치를 쌓아라

현재 미국 중앙은행인 연방준비제도(FED)를 이끄는 파월 의장은 현재 경제 지표가 예상보다 강세를 보이고 있기에, 최종금리 수준으로 올릴 수 있다는 가능성까지 보이는 시점이다. 지난달 '베이비 스텝'으로 0.25% 포인트까지 낮아졌던 금리인상 폭을 끌어올려 '빅스텝'(0.5%포인트 인상)으로 현재 최종금리는 5.0~5.25%보다 더 높아질 것이라는 말이 나오고, 일각에서는 6% 최종금리까지 나오는 시점이다.

그렇게 된다면 현재 한국 기준금리는 3.5%로, 미국(4.50~4.75%)과 비교해 1.25% 포인트 차이가 보였지만, '빅스텝'을 밟게 된다면 기준금리 차이는 1.75%포인트까지 벌어질 수 있다. 하지만 미국은 올해 중순 0.25%씩 2번을 거쳐 금리인상 가능성까지 바라보며, 차이는 2%포인트 대로 확대되는데 그러면 여기서 문제가 있다. 국내 증권시장과 채권시장에서 외국으로 자본이 유출될 수 있는데, 그러면 원화는 다시 강세로 돌아서고, 수입 물가는 상승하며, 국내 인플레이션 역시 상승하게 되는 악순환이 반복될 것이다.

이뿐 아니라 금리가 낮을 때는 이자 부담이 적기에 은행에 더 활발히 빌리며 통화량도 늘어나고, 부동산 주식 시장도 같이 증가하겠지만, 금리가 높아지게 된다면 부동산 시장 둔화는 물론, 개인의 소비나 기업들의 투자와 이윤도 함께 줄어들기 때문에 경기 침체까지 이어질 수 있다는 것이다.

이러한 불황 가운데, 그냥 '힘들구나. 다른 사람도 나처럼 힘들겠지.'라는 이런 생각보다는, 이 시장 가운데에서도 이겨낼 수 있는 돌파구를 찾아야 한다. 현재 벌고 있는 것에만 만족하는 것이 아닌, 더 벌기 위해 노력해야 한다.

돈을 더 버는 방법은 많다. 본업 외 일을 늘리는 방법, 주식 투자나 부동산 투자 등 투자를 하는 방법, 창업하는 방법이 있다. 먼저 일을 늘리는 방법. 이것은 기존 생활했던 금액보다는 돈은 더 벌릴 수 있겠지만, 육체적으로 너무 고생한다. 보통 택배기사로 많이들 하시는데, 아는 사람에게 들어보니 제대로 먹지도 못해 살은 빠지고, 허리랑 목이 자주 아파 병원비가 더 많이 나온다고 했다. 돈 벌려고 하는 이유가 좀 더 행복해지고 자유를 갖기 위한 것인데, 이것은 내가 돈을 쫓아가는 마치 돈의 노예가 되고, 장기전으로 볼 수 없기에 좋지 않은 방법이다.

두 번째 투자하는 방법이다. 제대로 꾸준히 공부하고 도전해 본다면 분명 도움이 될 수도 있다. 하지만 투자라는 것은 단타보단 장기전으로 보기 때문에, 시간과 노력이 필요하다. 그리고 앞에서 말했듯이 현재 금리가 높아지게 되면서 부동산 주식 시장 역시 좋지 못한 상황이다. 그렇기에 현시점에서 창업을 하는 것이 가장 베스트다.

보통 창업이라고 하면 치킨집, 떡볶이집, 햄버거집 등등 자영업을 많이들 말한다. '은퇴하면 치킨집이나 해야지.'라는 말을 하면서 쉽게 덤비지만 절대 내가 생각한 만큼 호락호락하지 않다. 무엇보다 나만의 특화된 기술이 없을 뿐더러 매장 임대보증금, 권리금, 수수료, 세금, 철거비, 외부 공사비 등등 정말 나가는 금액이 많다. 표준화된 금액으로만 적게는 1억에서 많게는 몇 십 억까지 가게 된다. 그래서 보통 대출을 끼고 창업하게 되는데, 현재 물가는 올라가고, 이자율도 상당히 높아졌기 때문에, 소비자들의 가처분소득은 줄어들고, 재료비나 인건비는 올라가고, 월세까지 오르니 쉽지 않은 것이 자영업의 현실이다.

아무 계획 없이 처음에 덜컥 차리게 되면 감당해야 할 빚이 많아지기 때문에, 전문화된 기술이나 돈이 부족하다면 우리는 1인 소자본 창업을 해야 한다. 리스크를 줄이고, 경험치를 쌓아 올리는 것이 먼저기 때문이다. 소자본 창업은 크게 오프라인과 온라인으로 나눠진다. 대표적으로 오프라인 소자본 창업은 '샵인샵 매장'이라고 불리는 배달 창업이나, 무인 편의점이나 무인 밀키트 같은 무인 창업이 있다.

먼저 '샵인샵(SHOP IN SHOP)'이란 말 그대로 '매장 안의 또 다른 매장'으로, 한 공간에서 2~3개 매장을 운영하는 것을 말한다. 배달 창업이다 보니까 홀이 따로 없어 인테리어비용이나 직원의 인건비를 줄일 수도 있고, 전화나 어플로 주문을 받기 때문에 A급이나 B급 상권이 아닌 곳에서도 충분히 매장을 낼 수 있어 임대료 등의 비중이 큰 고정비를 아끼며, 매장에 있는 비품이나 집기를 함께 사용할 수 있다. 만약 샵인샵으로 하는 것이 요식업종이라면, 재고율 역시 확 줄일 수 있다는 장점이 있다.

하지만 현재 어느 업종이든지 많은 경쟁업체가 존재하기 때문에, 이 역시 특화된 아이템이나 차별화 전략이 없다면 결국 어려울 수 있다. 그리고 혼자서 2가지 이상을 하게 될 경우 일은 2배 이상 많아지게 되고, 노하우가 없거나 숙련되지 못하면 이 역시 힘들게 될 것이다. 그리고 가장 큰 문제점은 샵인샵 브랜드의 특성상 각각의 브랜드를 한 매장에서 운영하다 보면 어떤 큰 이슈가 발생하였을 때, 관제탑 역할을 해줄 파트너 즉 본사가 없어 모든 것을 나 혼자 도맡아 해야 한다는 큰 단점이 있다.

두 번째 무인 창업이다. 무인 창업의 가장 큰 장점은 본업은 본업대로, 부업은 부업대로 유지하며 추가 수익을 창출해 낼 수 있다. 점포 관리를 위해 시간을 따로 정해 두지 않아도 되기에 시간적인 면에서 유동적이며, 상품만 내다 놓으면 계산은 키오스크가 하니 따로 직원을 채용할 일이 없기에 인건비를 절약할 수 있다는 장점이 있다.

하지만 무인 점포를 방문해 보면서 '여긴 다른 곳이랑은 좀 다르네.'라는 느낌을 받아 본 적이 있는가? 아마 없거나, 있더라도 열 손가락 안에 꼽힐 것이다. 이처럼 비슷한 아이템을 판매하는 타 점포와의 차별화가 굉장히 어렵다. 그리고 무인으로 진행이 되다 보니까 물건을 훔쳐 가거나 계산을 덜 하는 일이 종종 있지만 CCTV가 아니라면 직접적으로 확인도 불가능하고, 어떤 문제 상황이 있더라도 즉각적으로 대응하지 못한다는 상당한 단점이 있다.

특히나 무인 밀키트 같은 경우에는, 소스는 본사가 보내주지만, 거기에 맞는 채소나 야채들은 직접 구매해야 하고 유통기한 역시 길지 않아

폐기율이 높다. 그리고 요즘은 온라인 시장이나 대형 슈퍼 밀키트 시장도 탄탄하기에 경쟁해야 한다는 단점이 있다.

이처럼 오프라인 소자본 창업은 투자금이 다른 프랜차이즈 사업보다 적어 초기 투자 비용 회수까지 많은 기간이 소요되지 않는다는 장점이 있지만, 코로나가 지속되면서 너나 나나 할 것 없이 하게 되어 레드오션으로 자리 잡혔다. 그리고 보통 소자본 창업을 선택의 기준이 시간과 기술보다는 돈에 너무 초점이 맞춰져 있어서 마케팅 비용을 아깝게 생각하다 보니까 매출 역시 잘 나지 않는다. 그렇기에 만약 내가 정말로 자영업은 하고 싶지만, 돈이 부족하다면 소자본 창업을 추천한다. 대신에 하기 전 다른 점포와 차별화된 기술을 가지고 마케팅을 진행한다면 더 큰 승산을 가질 것이다.

온라인 소자본 창업 역시 마찬가지다. 대표적으로 온라인 쇼핑몰을 많이들 한다. 하지만 이 역시 마케팅은 빠질 수가 없다. 아무리 좋은 상품을 싸게 판매한다고 하더라도, 사람들이 알지 못하면 무용지물인 셈이다. 부족하다면 경쟁사보다 잘하는 마케팅 실력자에게 맡겨서 할 수도 있겠지만, '나 자신'만큼 절실한 사람은 없을 것이다.

그래서 돈이 어느 정도 여유로워 창업을 진행하고 싶다면 가장 먼저 알아야 할 것은 마케팅이다.

인풋과 아웃풋을 비교하여 매출로 직결되는 시스템을 찾아라

하지만 어디서부터 시작해야 할지도 모르겠고, 배워서 하자니 공부하기도 싫고 신경 쓰기도 싫은 사람은 자수성가 공부방에 무료 가입해서 창업 설명회를 통해 창업 과정을 통해서 수익을 창출해 낼 수 있다. 그리고 부족한 분들을 위해 매주 무료 강의에도 참여할 수 있으니 얼마나 좋은 기회인가.

그리고 만약 돈은 있지만 어떻게 불려 나가야 할지 모르겠다 하는 사람도 1억으로 할 수 있는 창업 역시 안내받아볼 수 있다. 컴맹도 괜찮고 나이가 많으신 분들도 충분히 가능한 창업 아이템이다. 추가 지출 없이 내가 일하지 않아도 대신 일 해주는 관리자에, 고정지출이라곤 전기세, 수도세 등의 관리비만 납부하고, 안정적으로 수익을 얻어갈 수 있는 1억 창업 아이템도 무료로 공개하고 있다. 노후 파산을 피하기 위해선 제2의 월급, 연금과도 같은 튼튼한 파이프라인을 지금부터 준비해야 한다. 내가 자고 있거나 놀고 있어도 365일, 24시간 돌아가는 파이프라인을 말이다.

인풋과 아웃풋 대비 매출로 직결될 수 있는, 내가 없어도 충분히 굴러 나갈 수 있는 시스템을 만들기 위한 방법을 알고 싶다면 자수성가 공부방에 가입하여 상담받아보길 바란다.

4

돈 버는 교육을 들어라

공짜가 가장 비싼 것이다

세상의 모든 것에는 값이 정해져 있다. 어렸을 때 자주 갔던 문방구에도, 마트에도, 백화점에도 말이다. 우리는 그것들을 얻기 위해서는 반드시 값을 지불해야 하는 것이 세상의 도리다. 하지만 우리 사회는 어떠한가. 도둑질하는 사람은 없어도 공짜를 더 좋아한다. 그리고 거기에 맞춰진 이 세상을 살아가고 있다. 핸드폰만 있다면 무료로 동영상, 웹툰, 신문, 잡지를 볼 수 있고, 스마트폰 앱 스토어에 가면 세상살이를 편리하게 해주는 공짜 앱을 마구잡이로 받을 수 있다. 그리고 쇼핑몰에 들어가면 무료배송 상품들이 즐비하고, 몇 만 원 단위로 부여되는 할인권들이 쇼핑의 즐거움을 넘치게 만들어 준다. 그뿐인가. 대형 할인점이나 편의점에 가면 늘 1+1 혹은 2+1할인 행사를 하고, 집 앞 피트니스 센터에서도 회당 50,000원은 기본으로 넘는 PT를 1회 무료로 해준다고 한다. 이렇게 공짜는 좋다고 느끼지만, 과연 그럴까? 부자들의 생각은 조금 다르다. 부자들은 공짜를 좋아하지 않을 뿐만 아니라 공짜가 가장 비싼 것이기에 공짜에 담긴 위험성을 늘 경계해야 한다고 말한다.

제이원의 『부자의 자세』를 보면 부자들은 공짜를 일종의 빚이라고 생각한다는 것을 알게 된다. 그것도 반드시 받은 것에 비해 훨씬 큰 대가로 갚아야 할 비싼 빚 말이다. 그래서 부자들은 공짜를 절대로 좋아하지 않는다. 그에 따른 사례로 한 사업가가 한 거래처 시장으로부터 밥을 먹자는 제의를 받게 된다. 서로 이렇다 저렇다 할 관계도 아니고, 특별한 이유는 없었지만, 사업을 시작한 지 얼마 안 되는 초보 사업가는 그저 단순한 호의로 생각하고 별 생각 없이 그 거래처 사장에게 밥과 술을 얻어먹고 그 사실을 잊고 있었다. 그런데 그로부터 얼마 뒤, 그 사업가는 거래처 사장으로부터 납품하는 원재료 개당 가격을 천 원 인상한다는 말을 듣게 되었다. 그 정도의 가격 상승은 말이 안 되는 것이었지만, 얻어먹은 것도 있고, 회사를 생각해서 마음의 부담감을 이겨내고 그 제안을 받아들였다. 하지만 문제는 그다음에 일어났다. 그 사업가는 얼마 뒤 자신의 사업 분야에서 사람 같지 않은 저질 인간으로 소문이 나 있었다. 접대는 다 받아놓고 사람의 성의를 무시한 냉혈하고 무례한 사람으로 말이다. 초보 사업가도 예외는 아니었다. 자신이 술과 밥을 대접하였지만, 협력 업체 사장들에게 그날 접대한 비용의 영수증을 보여주며 뒤에서 음해했다는 것이다. 이처럼 아주 사소한 것이지만, 실제로 사업하는 사람들에게 이런 일은 비일비재로 일어난다. 예전에 돼지고기 판매하는 집을 지나가면서 적혀 있던 문구를 본 것이 기억이 난다. "소고기 사준다고 하는 사람 함부로 따라가지 마세요. 대가 없는 소고기는 없습니다." 물론 소고기 대신 돼지고기를 먹게 하려는 상술이었겠지만 말이다.

장사나 사업을 하는 사람이 아무 이유도 없이 밥과 술을 사는 것은 사업성을 바라는 것이 있고 배후에 감춰진 목적이 있는 것이다. 그리고 상대가 나에게 접대나 선물을 주고 얻어가길 바라는 것은 그 접대비나 선물비용과는 비교할 수 없이 큰 대가인 경우가 대부분이다. 마치 거래처 사장이 밥과 술 한번 대접하고 납품할 원재료 인상을 요구하듯이 말이다. 애초에 밥이나 술을 얻어먹지 않았다면 가격 인상 때문에 거래처를 바꿀 때 마음속에 부담도 없었을 것이고, 다른 업체로 바꿨다고 해서 그 누구도 비난할 수 없었을 것이다. 하지만 단지 밥과 술 한번 얻어먹은 것으로 그 사업가는 졸지에 그 분야에서 신세 진 것을 무시하고, 신의를 지키지 않은 상도에 어긋난 인간이 되어버리고 만 것이다.

　부자들은 항상 말한다. 누군가 당신과 특별한 관계도 아님에도 당신에게 공짜로 무엇인가를 제공한다면, 절대 그것을 받지 말라고. 당신이 그를 도와주어서 그가 사례한 것이 아니라면, 반드시 그 제의를 거절하거나 일주일 내로 받은 가치만큼 다른 선물로 되돌려 주라고. 그렇지 않으면 공짜 선물은 미끼가 되어 비즈니스에 심각한 걸림돌로 되돌아올 것이라고 말이다. 사기꾼들도 마찬가지다. 돈을 빌리기 전에 먼저 큰 비용의 접대비를 쓴다. 무언가 이유 없이 자신에게 '공짜'라는 이름으로 다가오는 사람에 대해서는 의심부터 해봐야 하는 것이다. '세상에 공짜 점심은 없다.'(There is no such thing as a free lunch) 미국의 경제학자 밀턴 프리드먼의 명언이다. 일반적으로 지금 당장은 공짜인 것 같지만 결국은 알게 모르게 그 대가를 치러야 한다는 것이다. 언뜻 들으면 '공짜'라는 단어가 뇌리에 깊이 박혀 점심값을 아낀 것처럼 들리지만, 술의 가격에 점심값이 포함되어 있어 점심값보다 더 많은 돈을 내게 된 것이다.

　부자들은 세상에 공짜란 없다는 것을 누구보다 잘 알고 있다. 자신을 포함해서 누군가는 반드시 그 비용을 지불하게 되어 있다는 것을 말이다. 하지만 우리 같은 일반 소비자는 기업과 마케터의 상술에 순진하게 반응하게 된다. 마치 공짜의 낙원에 방문하기라도 한 것처럼 말이다. 알아야 할 점은 우리가 공짜라고 생각했던 것들이 공짜가 아닐 수도 있다. 우리가 좋아하는 1+1 혹은 2+1행사 같은 경우에는 얼핏 생각하기엔 판매자가 고객들에게 감사하는 마음으로 베푸는 혜택이라고 생각할 수 있지만, 신제품 홍보나 팔리지 않은 재고 부담을 줄이기 위해 혹은 유통기한이 임박한 상품을 끼워 팔기 위한 목적 등 다양한 이유가 숨겨져 있다. 인터넷 쇼핑몰도 마찬가지다. 몇 만 원 단위로 제공되는 할인 쿠폰이나 일정 금액 이상 결제해야 제공되는 포인트는 불필요한 제품을 구매하게 만든다.

소비자들은 그 가격대에 맞추기 위해 평소에 필요하지도 않은 제품을 구매하고 후회하는 경우가 많다. 이뿐 아니라 백화점이나 재래시장에서 선착순 한정으로 주어지는 공짜 상품들도 마찬가지다. 거저 주기도 하지만 행사장에 들어가기까지 긴 대기 시간과 줄은 진을 빠지게 한다. 공짜 상품을 얻는 대신 우리의 소중한 시간과 열정을 맞바꾸는 것이다. '공짜'라는 말에 홀려 상품에 더 높은 비용을 내야 하는 아이러니가 생기게 되는 것이다. 위에서 얘기한 공짜 점심 때문에 기본적인 술값이 더 비싸지는 예처럼 말이다.

가치 있는 교육이 좋은 아이템이다

이처럼 우리가 듣는 교육도 마찬가지다. 돈을 벌고 싶다면 교육을 듣더라도 매출과 직결된 교육을 들어야 한다. 그냥 아무 강의나 듣게 된다면 수박 겉핥기 수준일 것이다.

강의를 들었는데, 바로 실천하지 못한다면, 그것은 좋은 강의가 아니다. 바로 실전에서 써먹을 수 있는 강의를 들어야 한다. 하지만 현재 온라인 수업 중에는 단기간에 돈 벌 수 있는 방법을 많이 공개하지만, 원론적인 내용만 말할 때가 많다. 알맹이 없는 껍데기처럼 말이다. 그러다가 또다시 '혹' 하게 만드는 정보가 있다면 다시 쫓아가고, 그러다 결국 자신을 보면서 자괴감을 느끼게 된다. 알지 모르겠지만 강사는 계속 돈을 벌고, 수강생은 계속 돈을 쓸 것이다. 빈익빈 부익부가 잘 드러나는 곳이 바로 비즈니스 세계이다.

경쟁은 금방 치열해지고 누가 더 자극적으로 홍보하느냐에 따라 달라진다. 온라인 수업 중에는 단기간에 빨리 벌 수 있는 방법이 많지만 심각한 문제는, 강사는 계속 돈을 벌고 수강생은 계속 돈을 쓴다는 것이다.

빈익빈 부익부가 적나라하게 드러나는 곳은 바로 이 비즈니스 세계이다. 배우는 것은 너무 좋다. 하지만 배우는 것에 중독되어서, 자기 계발에 중독되어서 들을 줄만 알지 할 생각은 잘 안 한다. 나도 많이 느껴봤지만, 강의를 듣다 보면 마치 돈 번 것 같고, 부자가 된 것 같은 느낌이 들지 않은가? 그 맛에 계속 내 손가락은 클릭한다.

『부자 아빠, 가난한 아빠』 책의 저자 로버트 기요사키는 말한다.

"사실 가난한 사람들이 더 탐욕적이다. 정작 부자들은 돈에 집착하지 않는다. '돈은 좋은 거야. 나는 돈을 사랑해.' 집착 없이 순수하게 사랑한다. 그리고 중요한 건, 돈 그 자체가 아니라 내가 하고 싶은 일을 하면서 사람들을 행복하게 해주는 가치를 제공하는 것이란걸 안다."

너무 뻔한 말이지만 이 말을 듣고 흘려보내는 사람이 90% 이상일 것이다. 그리고 여전히 잘난 사람 말만 따라 더 좋은 책, 더 좋은 강의를 찾아나서고 있을 것이다. 요즘 유튜브나 인터넷을 보면 돈 버는 방법이랍시고 강의하는 사람들도 정말 많다. 아무것도 모르는 사람들이 가서 듣는다면 괜히 고개는 끄덕이겠지만, 실제로 돈 버는 데 아무 도움이 안 되는 것들이 대부분이다. 사람들은 그저 돈을 쉽게 벌고 싶어 하고, 일확천금만 얻고 싶으니까 어딘가에 그런 정답이 있는 줄 알고 이성적인 생각이 마비된다. 식욕을 자극하게 되는 먹방 유튜버가 성공하는 것처럼, 돈을 버는 강의 역시 본능을 자극하고 끌리는 아이템이다.

지금 이 책을 읽은 당신 역시 교육에 많은 돈을 썼을 거 같은데 결과는 어떤가. 적어도 돈 버는 교육을 하는 사람이라면 통장을 까고 증명된 사람 밑에서 배워야 한다는 것을 알아두자.

5

돈을 좋아해야 한다

돈을 안 좋아하는 사람은 없다 저마다 다른 이유로 드러내지 않을 뿐이다

부자가 되려면 돈을 좋아해야 한다. 이유는 간단하다. 좋아하는 사람에게 시간과 돈을 더 많이 쓰는 것처럼 돈을 좋아해야 시간을 써서 노력을 하기 때문이다. 돈을 좋아해야 불리는 방법도 알게 되고, 많은 부를 축적할 수 있기 때문이다. 알게 모르게 자본주의 사회에 살아가고 있는 현대사회에서 돈은 거의 신에 버금가는 존재로 여겨지고 있다. 돈이 있으면 원하는 것도 다 누리며 살아가고, 돈이 있어야 다른 사람에게 허리

굽히지 않고 어떤 상황에서도 당당하게 살아갈 수 있기 때문이다.

그리고 무엇보다 돈이 많은 사람은 평소에 관리하고 좋은 치료를 받기 때문에 더 건강하고 노화도 느린 경향이 있다고 한다.

이렇게 좋은 돈이지만 저마다 다른 이유들로 인해 돈이 좋다고 표면적으로는 드러내지는 않는다. 그 중 가장 큰 이유 중에 하나는 돈 밝히지 마라, 너무 많은 돈은 건강에 해롭다 등등 주변으로부터 많이 듣기도 하고, 뉴스 기사에서도 많이 보듯이 사기와 같은 금전적인 피해를 입혀 남에게 피해를 주는 나쁜 행동들이 많이 나오기 때문에 '돈은 나쁜 것'이라는 프레임이 씌워져 그럴 수도 있다.

나 또한 그랬다. 어렸을 때 부자들은 금수저로 태어나지 않은 이상 다단계나 불법적인 일로 돈을 벌어들인다고 생각했다. 그래서 외제차 타고 다니는 사람들이나 명품으로 도배하고 다니는 사람들을 보면 좋은 인식으로 보기 힘들었던 것도 사실이다. 물질 만능주의를 경계하며 돈을 좋아하는 것을 천박하게 여겼지만 속으론 돈을 사랑하는 위선자인 셈이다. 돈을 정말로 좋아하지만 좋아한다고 표현하기 싫어하는 그런 사람이었다.

하지만 부자가 되려면 가장 먼저 생각을 바꿀 필요가 있다. 자신에게 솔직해져야 한다. 자신에게 솔직하다는 말은 돈을 좋다고 인정하는 것이다. 모든 것이 그런 것은 아니지만 생각에서 시작되기 때문이다. 가난한 사람들은 한결같은 특징이 돈에 대한 청렴함을 주장하며 나는 돈을 원하지 않다고 하지만 정말 돈 없이 살아갈 수 있을까? 정말 돈을 원치 않을까? 만약 통장에 월 1억씩 입금된다고 했을 때 과연 싫다고 하는 사람이 있을까? 싫어한다는 말 자체가 거짓말이다. 돈 없이 살 수 없고, 돈이 있어야 행복할 수 있고, 타인에게 해를 끼치지 않는다는 것은 인정할 수밖에 없는 사실이다.

하지만 돈이 많을수록 무조건 행복해질까? 그건 아니다. 돈이 많이 없어도 월 100만 원을 벌더라도 현재 재정 상태에 맞춰 만족하고 거기에 맞게 살아가며 행복을 느끼는 사람이 있을 수도 있다. 하지만 이것은 일부에 불과하다. 우리도 통장 잔고 앞자리가 바뀔 때마다의 쾌감을 느껴본 적 있지 않은가. 마치 게임 캐릭터 레벨업하듯이 쭉쭉 올라가는 숫자를 보고 있으면 괜히 뿌듯해지고 자신감도 생기는 것 같은 그런 느낌처럼 말이다.

돈이 행복의 전부는 아니지만 행복하려면 돈이 필요하다는 것을 반박할 수 있는 사람은 과연 있을까.이를 증명해 보이기 위한 킬링스워스 연구원의 연구 결과도 있다. 직접 개발한 앱을 통해 경험표집법(일상생활 중 무작위로 선택된 순간에 짧은 설문에 답하도록 요청하는 방법)으로, 일하고 먹고 대화하는 수많은 순간 속에서 돈과 행복의 관계에 관한 전반적인 만족감 평가에 매일매일 그 순간 느끼는 감정을 파악해 삶에 대한 전체적인 이미지를 얻어 알아보는 실험인데 그 실험은 이와 같다.

앱에 접속할 때마다 참가자들은 "현재 기분이 어떤가요?"라는 질문에 "아주 나쁨"에서 "아주 좋음"까지 나눠진 답변 중 선택하고, 5개의 긍정적인 감정과 7개의 부정적인 감정 중 현재 자신의 기분을 묘사하는 답을 골랐다. 그리고 그중 최소 한 번 "전체적으로 자신의 삶에 얼마나 만족하나요?"라는 질문에도 "전혀"에서 "매우"까지 나눠진 답을 선택했다. 이후 각 개인의 평균적인 웰빙 수준을 계산하고 그 결과와 수입의 관계를 분석했다.

이 실험을 통해 연구진은 어느 정도는 수입이 더 많아지면 웰빙이 증가하지만, 연간 가구 소득이 75,000달러(약 8,200만 원)에 도달하면 행복감이 더 이상 증가하지 않는다는 이전 연구 결과와 같아질 것이라 예측하였지만 그 예상은 틀렸다. 다양한 소득수준을 토대로 한 연구 결과를 보니, 모든 형태의 웰빙이 수입과 함께 상승했고 중간에 꺾이는 지점이나 돈이 더 이상 중요하지 않다는 변곡점 같은 건 없었고, 계속해서 수입과 웰빙이 비례해 증가해 나갔다고 한다.

부자가 되고 싶다면 먼저 돈을 좋아해야 한다

연구도 마찬가지지만 세상에 100%로는 없다. 그렇듯 모든 사람이 100% 돈이 행복의 전부라고 생각하진 않을 수도 있다. 사람마다 행복의 기준도 다 다르지 않은가. 어떤 사람들은 맛있는 음식을 먹을 때, 어떤 이들은 여행을 할 때 혹은 집에서 아무 생각 없이 누워 있는 것이 행복하다고 생각 할 수도 있다. 이와 같이 대부분의 사람이 돈이 많을수록 행복하다고 느끼는 것은 어떻게 살 것인가에 대한 더 많은 선택지가 생기기 때문 아닐까?

현재 팬데믹만 봐도 그렇다. 한 달 벌어 한 달 사는 사람이 일자리를 잃으면 먹고살기 위해 싫어하는 일이라도 할 수만 있다면 해야 한다. 선택권이 없다. 하지만 경제적으로 여유가 있으면 결정할 것이 크든 작든 돈이 많을수록 선택지는 많아지게 되고 자유로워지게 될 것이다.

다시 한번 말하겠다. 부자가 되고 싶다면 먼저 돈을 좋아해야 한다. 내 자신에게 먼저 솔직해지고 돈을 좋아한다고 말하고 다녀야 한다. 말이 씨가 된다고 하지 않는가. 돈을 좋아하지 않는다고 말하고 다니면 그 사람에게는 돈이 가고 싶어도 싫어한다고 하는데 실망하면서 도망가지 않을까?

돈을 좋아하지 않았다면 지금부터라도 돈을 좋아하면 된다. 돈의 노예가 되라는 것이 아닌 돈이 귀한 줄 알고 소중히 간직하며 바르게 사용하라는 것이다. 진정으로 좋아한다면 과연 함부로 쓸 수 있을까?

절대 그러지 못할 것이다. 돈을 좋아하기 위해서는 관심을 먼저 가져야 한다.

가장 먼저 추천하는 방법은 가계부다. 물론 귀찮을 수 있지만 꾸준히 쓰다보면 내가 어디에 얼만큼 쓰는지 알 수 있고, 불필요한 지출을 줄일 수 있어서 자연스럽게 관심이 생기며 돈을 좋아하게 될 것이다. 혹시 쓰는 게 너무 귀찮다면 핸드폰 앱을 활용하는 것도 좋은 방법이다. 쇼핑, 식비, 생활 등등 얼마가 빠져나가는지 확인하고, 혹시 과소비하고 있는 부분이 있다면 줄이는 것도 방법이다.

그리고 두 번째로는 경제신문을 읽는 것이다. 경제를 알아야 인생이 보이고 세상이 보인다고 하지 않은가. 어떻게 돌아가는지 알아야 거기에 맞는 재테크도 선택할 수 있다.

그리고 마지막으로 가장 중요한 것은 목표설정이다. 전에도 말한 것처럼 내가 왜 돈을 모아야 하는지, 얼마를 모으고 싶은지 등 구체적인 목표 설정이 되어 있어야지만 동기부여가 되고, 지속가능한 습관을 들일 수 있다. 뭐든지 처음이 어렵지 두 번 세 번 하다 보면 익숙해진다.

나중에는 돈만 좋아했을 뿐인데 돈이 차곡차곡 모이는 것을 눈으로 확인해 나갈 수 있을 것이다. 그러면서 자신감도 생기고 돈을 모으는 재미를 느껴 더더욱 많은 부를 이룰 수 있을 것이다.

독일의 철학자 아르투어 쇼펜하우어는 이렇게 말했다. "돈은 바닷물과 같다. 많이 마시면 마실수록 더 목마르게 된다."

　절대 돈을 모으는 행위는 잘못된 것이 아니다. 대단한 것이다. 어디서나 자신 있게 말하면 된다. 만약 누군가가 얼마 모았냐고 물어본다면 솔직하게 답하면 된다. '이만큼 모았다.'라고 당당하게 말하는 것이다. 그랬을 때 상대방 반응은 100% 놀랄 것이다. 아니 그걸 진짜 모았다고? 거짓말 아니야? 라는 반응이 나올 확률이 99% 이상이다. 왜냐면 그만큼 한국사회에선 타인의 시선을 신경 쓰는 경향이 강하다 보니까 내적인 것보다는 외적인 것 자체에 더 신경을 많이 쓰기 때문이다. 인스타그램이나 카카오톡 같은 SNS 상에서도 비싼 호텔에서 찍은 사진이나 명품과 함께 찍어 올리는 것을 종종 봤을 것이다. 그러다 보니 명품 하울 영상과 같은 콘텐츠가 유행하기도 하고, 연예인들 사이에선 누가 누가 비싼 차를 타는지 자랑하는 모습들을 쉽게 찾아 볼 수 있다.

　하지만 우리나라와는 다르게 미국 같은 나라에서는 어렸을 때부터 용돈기입장을 쓰는 습관을 들이게 하고, 성인이 되어서도 매달 수입과 지출을 정리하면서 스스로 자산관리를 하게끔 교육을 시킨다고 한다. 그렇기 때문에 아무리 친한 친구라도 서로의 재무상황을 공유하는 거에 대한 거리낌도 없으며, 이러한 문화차이가 현재 대한민국과의 금융지식 차이를 만들어오게 된 것 같다.

하지만 괜찮다. 가장 늦었다고 생각했을 때가 가장 빠른 법. 절대 늦지 않았다. 지금 20대든 50대든 상관없다. 우리의 최종적인 목표는 경제적 자유 아닌가. 죽을 때까지 일하다가 죽는 것이 아닌 노동으로부터 해방되어서 하고 싶은 일을 하면서 살아가야 되지 않겠나. 마냥 814만 분의 1 정도 되는 로또 1등을 기대하며 되길 바라기엔 확률이 너무 희박하지 않겠는가.

우리가 노동으로는 시간적으로나 재정적으론 분명한 한계가 있을 것이다. 절대 나쁘다고 말하고 싶은 것이 아닌 노동을 하고 있다면 플러스 요인으로 재테크를 해야 한다는 것을 말하고 싶은 것이다.

우리의 시간은 소중하다. 한번 지나간 시간은 다시 돌아오지 않는다. 누구에게나 하루에 24시간이라는 시간이 공평하게 주어지지만 어떻게 쓰느냐에 따라서 가치는 천차만별이다. 지금 나의 모습은 과거에 살아왔던 나의 모습들과 시간들이 모여서 만들어졌고, 결국엔 미래의 나를 만드는 것이다.

지금과 다른 내일을 꿈꾼다면 우리는 절대적으로 재테크를 선택이 아닌 필수로 해야 하며, 하루라도 빨리 경제적 자유를 이뤄나가도록 해야 한다. 절대 잊지 말자. 돈은 돈을 쫓는 사람에게 찾아온 점을 말이다.

6

원래 부자일수록 검소하다

우리가 생각하는 부자의 모습은 어떠한가

명품으로 도배된 옷을 입고 슈퍼카를 타고 다니는 모습? 강남 도심에 살며 고급 레스토랑에 가서 밥 먹는 모습? 아무 고민 없이 백화점에서 긁고 다니는 모습? 우리가 보통 생각하는 부자는 뭐든 비싸고 좋은 것만 사는 낭비와 사치의 아이콘처럼 비추어진다. 물론 그런 사람도 많다. 하지만 우리의 예상과는 다르게 엄청난 재산을 갖고 있음에도 불구하고 의외로 검소하고 소탈한 모습을 보여주는 부자들도 많다. 그중에서도 검소하다 못해 심하게 절약하는 부자들이지만 쓸 땐 과감한 부자들을 말해볼까 한다.

그중 한 분은 우리가 흔히 알고 있는 워런 버핏 회장님이다. 현재 그는 90조 원이 넘는 재산을 보유하고 있다. 세계 부자 TOP10 안에 드는 부자기 때문에 화려한 저택에서 거주할 거 같지만 그렇지 않다. 자라온 미국 중북부의 중소도시 오마하에서 60년 전 3만 1,500달러(약 4,100만 원)에 구매한 담장 없는 자택에서 지금까지 거주하고 있다. 건물 면적이 약 541.6m²(약 164평)로 주변 집들보다 크다는 점을 제외하면 특별한 것이 없는 전형적인 미국 중산층 주택이다. 그리고 그가 타고 다니는 차량은 출고 당시 신차(표준형) 가격이 약 4만 5,000달러(약 5,800만 원)에 달하는 2014년형 포드 캐딜락 XTS이다. 지금까지 차를 바꾸지 않고 다니는 이유를 여쭤본다면 차를 살 때 고르고, 설명서를 읽고, 결제하고, 출고하는 과정에 반나절 정도가 소요되는데 굳이 반나절을 소모해가면서까지 새 차를 사고 싶지 않다는 것이다. 그는 아침 식사 역시 고급 레스토랑이 아닌 출근길에 드라이브 스루로 맥도널드에 들러 해결한다. 기분에 따라 세 가지 '모닝 세트' 중 하나를 고르는데, 베이컨과 달걀, 비스킷이 포함된 가장 비싼 메뉴도 3달러 17센트(약 4,100원)에 불과하다. 고급 디저트보다 800원짜리 소프트아이스크림을 선호한다고 알려질 만큼 검소하신 분이다. 티끌 모아 태산이라는 말이 있듯, 사소한 지출이 지속된다면 큰 돈을 모을 수 없기에 그는 언제나 "작은 지출을 조심하라."라고 말한다.

하지만 이렇게 검소하게 살지라도 남을 돕는 것에 있어서는 그 누구보다 앞장섰다. 코로나로 주가가 폭락하여 대규모 투자 손실이 일어났음에도 불구하고 자선단체 기부해오며 지금까지 버핏 회장님께서 기부한 금액은 515억 달러(약 67조 원)에 달한다고 한다. 그가 강조하는 것은 돈을 너무 많이 소유하게 되면 사람이 돈을 관리하는 것이 아니라 돈이 사람을 관리하게 된다며, 전 재산의 99%를 자선단체와 사회에 환원하겠다고 하신 분이시다.

두 번째 분은 IT 업계 최고 부자이면서 페이스북 최고경영자(CEO)인 마크 저커버그다. 그는 30대 초반에 78조 원의 엄청난 재산을 거머쥐었지만, 여전히 3,000만 원대의 폭스바겐 골프를 타고 다니며, 그의 평소 일상 패션은 청바지와 회색 티셔츠, 진회색 후드 티라고 한다. '매일 똑같은 셔츠를 고집하는 이유'에 대한 질문에도 저커버그는 "어떤 옷을 입을지 고민하는 시간에 최고의 서비스에 초점을 맞추고 싶다."라고 답했다. 이에 그는 수십억 달러에 달하는 금액에 팔아달라는 부탁에도 단번에 거절하며, 모든 사람이 연결되기를 바라는 이 신념 하나로 전진한 그 결과 페이스북은 현재 세계에서 가장 큰 온라인 사업이 되었다. 그 역시도 많은 부를 축적했지만 검소하게 살아가며 자신만 잘 먹고 잘 사는 것이 아닌 모두가 잘 살았으면 하는 바람에, 2015년 12월, 자신이 가지고 있는 페이스북 주식 99%를 살아 있을 때 사회에 환원하겠다고 공언했다. 뿐만 아니라 유한책임회사(LLC)를 설립해서 질병 퇴치와 인터넷 보급 확대를 통한 사람들 간의 커뮤니티와 공동체 강화에도 투자하겠다고 하신 분이시다.

세 번째 분은 지금은 고인이 된 스웨덴의 이케아 창업자인 잉바르 캄프라드다. 그는 스웨덴의 작은 농촌 마을에서 풍족하지 못한 환경에서 자랐다. 그러다 보니 근검절약이 몸에 배여 있어 특별한 이유가 없으면 버스와 지하철 등 대중교통을 이용해 출근했고, 주말에도 스웨덴산 낡은 볼보 승용차를 몰았다. 해외 출장을 가게 된다면 비행기는 이코노미석만 이용했고, 호텔 객실에 비치된 유료 생수가 비싸다며 주변 편의점에서 물을 사다 마셨다. 그리고 티백은 여러 번 우려 마시고, 일회용 접시도 씻어서 다시 사용했다. 마른 수건도 짜고 또 짜는 '자린고비' 정신에 관해서는 세계 최고였다. 이를 보고 해비타트 창업자 테렌스 코란은 그를 보고 "가장 부유한 사람 중에 하나지만 동시에 가장 어렵게 사는 사람이다."라고까지 말할 정도였으니 말이다. 하지만 이런 캄프라드의 '자린고비 정신'이 오늘날의 이케아를 키운 원동력이 되었다. "100만 원짜리 좋은 책상은 어떤 디자이너라도 만들 수 있지만 2만 원짜리 좋은 책상은 뛰어난 디자이너만이 만들 수 있다."라며 기능성과 세련미를 갖추고 있으면서 저렴한 가격에 살 수 있는 가구를 만드는 것이라고 강조했다. 자신은 잊히더라도 이케아만큼은 자부심을 갖고 검소하게 살았던 분이셨다. 하지만 평소 짠돌이, 구두쇠 영감으로 불러온 그였지만, 세계에서 가장 많은 기부를 실천했다고 한다. 이케아의 잉키 재단을 통해 360억 달러(약 46조 9,000억 원), 세계 최대 자선단체인 빌과 멜린다 게이츠 재단에 330억 달러(약 43조 600억 원)의 기부를 해오며, 재산의 절반은 스웨덴 북부 놀란드의 발전기금으로 기부하라는 등 구두쇠였지만 쓸 땐 쓸 줄 알고, 누구보다 기업을 먼저 생각했던 분이셨다.

마지막으로 소개할 검소하게 사는 부자는 '인도의 빌 게이츠'로 불리는 정보기술(IT) 업계의 위프로 회장 아짐 프렘지다. 프렘지 회장 역시 소문난 구두쇠이다. 해외 출장 갈 때 비행기는 이코노미석을, 숙소는 게스트 하우스를 이용하며 아들 결혼식 피로연에 일회용 종이 접시를 사용해 화제가 되기도 했다. 이뿐 아니라 회사에서도 직원들이 퇴근한 다음 사무실 전등이 꺼졌는지 일일이 확인하고 화장실 휴지 사용량까지 점검할 정도였다. 이런 이야기를 들으면 돈만 아는 구두쇠처럼 보일 수도 있겠지만, 프렘지 회장의 행동에는 큰 뜻이 담겨 있었다. 그건 바로 돈보다는 자신이 믿는 가치를 추구하는 것이 중요하게 여겼기 때문이다.

그가 회사를 맡았을 당시만 해도 정부의 부정부패는 매우 심각한 수준이었지만, 프렘지 회장은 어떠한 부정부패도 용납하지 않겠다는 '무관용 정책'을 추진하면서 뇌물을 요구하는 관리나 고객들과 절대 타협하지 않았다. 오랜 기간 추진해온 프렘지의 윤리 경영으로 지금의 신뢰를 받는 위프로로 성장해 나갈 수 있었다.

하지만 여기서 끝나는 것이 아닌 가난 때문에 교육을 제대로 받지 못해 가난에서 벗어나지 못하는 악순환을 해결하기 위해 교육재단에 많은 기부를 했다.

프렘지 회장은 2001년 사재 5,000만 달러(약 650억 원)을 들여 교육재단을 설립하고, 초등학교 학습법과 커리큘럼 개선을 위해 매년 500만 달러(약 65억 원)을 기부하고 계신다. 이뿐 아니라 75억 달러(약 10조 원)에 달하는 회사 지분을 기부해 인도 곳곳에 학교를 세웠고 취약 계층에 무상에 가까운 교육을 제공하며. 그는 지금까지 210억 달러(약 27조 원)가 넘는 금액을 기부해 온 분이시다.

'있는 놈이 더 독하다'?
그래, 물론 독하다고 생각할 수 있다

하지만 여기서 이들은 우선순위를 돈보다 더 가치 있는 일에 두었기 때문 아닐까? 어른들이 종종 하는 말이 있다. 겉모습보다 내면의 아름다

움을 먼저 채우라고.

명품만 추구하며 고급 외제차를 타고, 고급 레스토랑에 주로 간다는 것은 단지 '빛 좋은 개살구'일 뿐이다. 이를 부자의 모델로 생각한다면, 착각이다. 거품을 빼길 바란다.

그래도 부자가 되면 펑펑 쓰고 살겠다고 생각하는 사람이 있다. 안타깝게도 그런 사람들은 부자가 될 수 없다. 왜냐면 부자는 그렇게 펑펑 쓰면서 부자가 될 수 없다는 것을 알기에 처음부터 그런 생각을 안 한다. 오히려 부자가 아닌 부자인 척 하는 사람이 돈을 펑펑 쓰고 다닌다. 친구 만나서 술 마시고 쇼핑을 하며 막 긁고 다니다 자신이 번 돈보다 더 많이 써서 자연스럽게 가난하게 되는 것이다. 진정한 부자들은 비싼 동네에서 폼 나게 살아가지 않는다. 체면치레 소비도 싫어한다. 생활비가 많이 들기 때문이다. 2~3년 지나면 차 값 역시 절반으로 떨어지기에 외제 신차도 잘 뽑지 않는다. 마냥 비싸고 좋은 음식만 고집하는 것이 아닌 싸고 맛있는 집을 주로 찾는다. 옷도 마찬가지다. 실용적인 옷을 주로 걸친다. 그리고 돈이 많이 벌려도 소비를 하는 것이 아닌 주식을 사거나 부동산을 사는 투자를 한다. 우리의 예상과는 다르게 말이다.

지금까지 돈을 벌어서 빛 좋은 개살구가 될지 장독보다 장맛이 좋을지는 앞으로의 선택에 따라 달려 있다. 하지만 후자가 되길 바란다.

7

은행이 가장 위험하다

돈을 맡기지 말고, 굴려라

우리는 어렸을 때부터 돈이 생기면 부모님께서 하시는 말씀이 있다. "돈 줘. 은행에 입금해줄게." 용돈이나 세뱃돈을 받으면 항상 그렇게 말씀하시니 아무것도 모르는 어린 나로서는 은행이 최고라고 생각했다. 지갑에 있는 것보단 나으니까, 수익률은 적어도 원금손실 걱정 없이 '안전'하니까. 주식이나 코인 부동산 등 다른 투자 방법은 잃을까 봐 두려워서 겁부터 먹지만, 은행에 있어서는 안전하다는 이유 하나로 1초의 망설임

없이 믿고 맡긴다.

하지만 생각해볼 것이 있다. 은행은 과연 안전자산이라고 할 수 있을까? 먼저 돈의 개념부터 알아보자.

일반적으로 말하는 돈의 개념은 화폐이다. 이 화폐는 조폐공사에서 찍어낸 것이고, 한국으로 친다면 조폐공사는 한국은행이다. 보통 우리는 한국은행에서 만들어낸 돈만이 실존한다고 믿지만, 이것은 틀린 말이다. 만들어내는 돈은 시중에 나와 있는 일부에 불과하고, 대부분은 보이지 않는다. 왜냐면 돈은 은행이 만들어낸 가상 숫자이기 때문이다. 처음에는 이해하기 어려울 수 있다.

예를 들어보자면 은행에 돈이 100만 원 있다고 하자. 이때 A라는 사람과 B라는 사람이 각각 80만 원씩 필요로 하는데 은행에 있는 돈은 100만 원이니 부족해서 한 명만 빌려주거나 혹은 공평하게 50만 원씩 빌려줄까?

정답은 아니다. 은행은 자기가 가지고 있는 금액 내에서만 돈을 빌려주는 것이 아닌 지급준비율이라고 해서 자기가 가지고 있는 전체 금액에 10%를 제외하고는 자유롭게 투자하거나 대출할 수 있다. 즉, 다른 사람이 은행에 예금한 금액 가운데 10%만 남기고 나머지 90%의 금액은 다른 사람에게 대출이 가능하다는 말이다.

예를 들어 입금하려는 A와 최대한으로 대출하려는 B가 있다고 하자.

A라는 사람은 은행에 100만 원을 저축했다. 그러면 은행이 가지고 있는 돈은 100만 원이다. 그렇다면 B에게 빌려줄 수 있는 금액은? 지급준비율인 10% 10만 원을 제외한 90만 원이다.

A의 통장에는 여전히 100만 원이라는 금액이 찍혀 있고, B의 통장에도 대출받은 90만 원이 있는 것이다. 이렇듯 은행이 가지고 있는 돈은 100만 원이지만, 시중에는 예금한 100만 원과 빌려준 90만 원 총 190만 원이 도는 것이다. 여기서 90만 원이라는 돈은 실제로 존재하는 것이 아닌 은행에서 만들어낸 것이다. 이러한 시스템을 신용창조 혹은 예금창조라고 부른다.

하지만 이렇게 한 번으로 끝나는 것이 아니다. 만약 100억이라는 돈이 있다면 지급준비율 10%를 제외한 90억을 대출해주고, 그다음은 81억, 그리고 72억 이렇게 100억이라는 돈은 1,000억이라는 엄청난 금액으로 바뀌게 된다. 이것을 보고 통화승수라고 한다.

이런 구조로 인해 시중에 돌아다니는 돈은 매년 증가하고 있다. 매년 예금액과 대출액은 늘어나고 있고, 돈의 양도 신용창조로 인해 함께 늘어나고 있다. 돈의 양이 많아질수록 자연스럽게 돈의 가치는 하락하게 된다. 물량이 많아지면 희귀성은 떨어지고 가치하락이 되듯이, 매년 돈은 증가하고 가치는 떨어지기 때문에 물가는 지속적으로 오르게 되는 것이다.

예전에는 짜장면 가격이 500원도 안 하는 시절이 있었다. 하지만 물가는 올라가고, 짜장면 가격 역시 계속 올라 최소 5,000원 이상이 되었다. 이것처럼 물가가 오르는 현상을 인플레이션이라고 하는데, 이것을 달리 표현하면 화폐의 가치가 하락했다고 볼 수 있다. 예전에 500원하고 현재의 500원은 다르듯이, 돈의 가치가 떨어진 것이다.

짜장면에 대한 취향은 변치 않았지만, 짜장면을 사 먹는데 사용하는 화폐의 가치가 전보다 낮아졌다는 것이다. 이처럼 인플레이션이라는 것은 재화 즉 물건의 가치보다는 화폐의 가치와 관련성이 높다.

짜장면의 가격이 1,000원이라고 하면 화폐의 가치는 1000분의 1이 되는 것이고, 짜장면의 가격이 2,000원이라고 하면 화폐의 가치는 2000분의 1이 되는 것이다.

현재의 경제는 수천 가지의 재화와 서비스를 생산하므로 한 재화의 가격 대신 물가지수로 나타내지만, 논리는 같다. 전반적인 물가수준이 상승하면 화폐의 가치는 하락한다.

이처럼 은행이 돈 버는 방식은 빚을 만들어내는 방식이다. 빚은 곧 돈이다. 은행은 대출을 많이 해줄수록 더 많은 돈을 버는 것이다.

그렇다면 은행이 이렇게까지 돈을 찍어내는 이유는 무엇일까? 인플레이션이 발생할 수밖에 없는 이유를 예시와 함께 알려주겠다.

예를 들어 내가 300만 원이라는 금액을 은행에서 빌렸을 때의 이자가 5%라고 하자. 그렇다면 이자로 15만 원을 갚아야 하는 것인데 은행에 통화량이 300만 원밖에 없다고 한다면 시장에는 돈이 아예 없어 갚을 방법이 없는 것이다. 정확히 이자를 갚을 금액이 부족한 것이다. 그렇기에 중앙은행은 계속해서 돈을 찍어내는 것이고, 인플레이션이 발생할 수밖에 없는 것이다. 그렇기 때문에 시장에 돌아다니는 돈의 양 즉, 통화량은 물가 상승 그래프와 비교해 봤을 때 계속 우상향 하면서 올라가기만 하는 것이다.

현재 은행은 손해다

하지만 지금 가장 문제는 은행의 예금이자보다 물가가 더 올랐다는 것이다. 실질적인 금리(금리의 현실적인 가치를 보여주는 것으로, 명목금리〈예/적금 금리, 주택담보대출금리 등 눈에 보이는 저축성수신금리〉에서 인플레이션율을 뺀 금리)가 2년 연속 마이너스를 찍었다는 것이다. 물가상승률은 5%대가 넘어가는데 은행 금리는 고작 3~4%에 불과하기에 손해 보는 시대가 도래한 것이다. 지금까지 저축성수신금리는 멈추지 않고 계속해서 올랐다. 하지만 인플레이션율은 그보다 더 가파르게 올랐다는 것이다.

현재 물가가 치솟고 있다. 전기요금, 가스요금 이런 공공요금 역시 부담될 정도로 말이다. 2022년 지난해 인플레이션율은 전년 대비 5.1% 상승했다.(이는 IMF 외환위기 직후인 1998년 이후 최고치 수준이다.) 2022년 기준, 명목금리는 2.77%, 물가상승률 5.1%를 뺀 실질 금리는 -2.33%가 되는 것이다.

이렇게 된다면 가장 손해를 보는 사람은 은행에 가서 예적금을 투자한 사람이다. 명목금리가 높아져서 좋아할 수도 있겠지만, 인플레이션을 감안하면 투자금액의 가치는 떨어졌다고 볼 수 있는 것이다. 하지만 여기서 더 큰 문제는 2022년 말까지만 하더라도 잘 올랐던 명목금리가 2023년 들어서 더 떨어지고 있다는 것이다. 시중은행과 저축은행의 수신금리는 지속해서 하락하고 있고, 경쟁적으로 올랐던 파킹 통장 금리 역시 최근에는 내리는 추세이다. 실제로 5대 은행의 정기예금 금리는 3% 후반에서 3% 중반대로, 토스뱅크, 카카오뱅크, 케이뱅크 역시 금리를 0.3% 포인트에서 0.6% 포인트까지 낮추고 있다. 그리고 저축은행 평균 금리 역시 작년 말까지만 해도 5.53%였지만 2023년 2월 기준 평균 금리는 4.49%로 1% 포인트 떨어졌다.

이에 따라 2023년 실질 금리도 더 마이너스가 될 것이다. 현재 인플레이션은 멈출 기세를 보이지 않고, 1월 소비자 물가상승률 5.2%로 지난해 연말보다 더 높아졌기 때문이다.

지금부터 하는 이야기는 그 어디서도 듣기 어려운 내용이다.(금융권에서 오랫동안 근무하셨던 분께서 알려주셨던 내용이기 때문에 더더욱 믿을 만한 정보이다.)

은행이 위험한 이유는 크게 2가지로 볼 수 있다. 여신거래법과 예금자보호법. 먼저 여신거래법의 여신은 대출이라고 보면 된다. 보통 우리가 대출할 때 보면 약관이 있지만, 필요서류도 많고, 심사도 오래 걸리기 때문에 넘어가는 경우가 많다. 중요한 사항은 보지 못한 채 말이다. 내용은 다음과 같다.

"제2항 제1조를 선택한 경우, 채무이행 완료 전에 국가 경제 금융 사정의 사정에 급격한 변동 등으로 계약된 당시 예상할 수 없는 현저한 사정 변경이 생길 때에는 은행은 채무자에 대한 개별 통지에 의하여 그 율을 인상 인하할 수 있기로 합니다."

이 말은 주택담보대출을 포함해 고정금리 대출로 받았지만, 국가 경제 금융 사정에 급격한 변동 등으로 어떤 문제가 생긴다고 하면 얼마든지 변동금리로 변경이 가능하다는 얘기다.

금액이 적다면 상관없겠지만, 주택담보대출처럼 금액이 큰 경우에는 적게는 몇 십 만 원에서 몇 백 만 원까지 차이가 날 수 있다는 것이다.

그리고 두 번째 예금자보호법이다. 국가가 예금자를 최소한으로 보호해 주기 위해 만든 법이기도 하고, 예금 보호 공사에서 지원을 해주기 때문에 안전하다고 말하는 사람이 많다. 하지만 알아야 하는 것은 예금자보호법에서 보호하는 금액은 5천만 원이다. 원금 기준이 아닌 원금과 이자가 합쳐진 원리금 기준이다. 그렇기에 금액이 많다고 한다면, 금융기관 당 한도가 5천만 원이기에 꼭 분산해서 투자해야 한다.(여기서 금융기관은 은행, 저축은행, 보험사 등 다 포함되는 것이다.) 그리고 예금보험 사고 발생이 됐을 때, 5,000만 원까지 지원을 해준다곤 하지만 한 번에 지급되는 것이 아닌 가지급금 1~2천만 원을 먼저 지급하고, 나머지 금액은 받는데 적어도 1년 이상은 걸린다. 새마을금고, 지역단위농협(농협중앙회가 아닌 농협), 수협, 신협 같은 제2금융권도 마찬가지다. 다만 다른 점은 예금 보호 공사가 아닌 자체 기금으로 5천만 원까지 지원을 해준다지만, 우리가 직접 자체 기금을 다 들여다볼 순 없기에 100% 신뢰한다고 볼 수만은 없다.

그리고 예금자보호법 적용 대상이 아닌 우체국 같은 경우에는 5,000만 원이 아닌 전액을 국가에서 보장해 준다. 그래서 최고라고 생각할 순 있지만, 중요한 것은 여신 거래법을 보면 국가가 위조한 사태가 나면 금리도 올린다고 했지만, 국가부도 등의 사태에 대해서는 대책이 없다. 만약 국가가 부도가 나거나 전쟁이 난다면, 5천만 원 예금자보호법 어떤 법이든 간에 모든 금융거래는 정지가 된다. 내가 열심히 벌어서 모았던 피 같은 돈일지라도 찾을 수도, 입금할 수도 없다는 말이다. 그렇기에 은행만 믿고 투자한다는 것은 굉장히 위험하다.

8

위대한 자들의 도전

성공하고 싶다면 과감하게 도전하라

보통 우리가 흔히 알고 있는 위대한 사람들이라면, 그들은 악조건 속에서도 과감히 도전하고 성공했기 때문에 익히 알고 있을 것이다.

이승주 소장님을 비롯하여 많은 이들이 있지만, 대표적으로 개인적으로 좋아하는 가수 이지은(예명: 아이유)님을 소개해 볼까 한다. 지금은 10대부터 70대까지 모르는 사람이 없을 정도로 우리나라를 대표하는 솔로 가수 겸 배우이지만, 어렸을 때부터 계속해서 순탄하게 지내온 삶은 아니다. 많은 사람들의 관심과 사랑을 받는 걸 좋아했던 그녀는 막연히 연예인이 되고 싶어 했지만, 어머니께서 보증을 서준 친척이 도망가면서 급격히 어려워졌다. 빨간 딱지는 기본이고, 가족들은 뿔뿔이 흩어지며, 1년 동안 수시로 바퀴벌레가 출몰하는 단칸방에서 감자로 끼니를 때우며 살아갔다. 그리고 그 이후 잠깐 지냈던 친척집에서도 찬밥 신세이긴 마찬가지였다. "연예인은 아무나 하냐, 어린아이가 공부는 안 하고 노래 바람이 났다." 등 퍼붓는 험담까지 다 이겨낼 수밖에 없었다.

하지만 가수라는 꿈을 위해 기획사 오디션에서 20여 차례 낙방을 겪어도 절대 포기하지 않고 계속해서 달려 나갔다. 특히나 오디션을 알아보던 중 사기를 당했어도 말이다. 그렇게 10개월간의 연습 생활 끝에 어렵게 15세의 나이로 데뷔하였지만, 현실은 참혹했다. 박수는커녕 차가운 시선 속에서 야유와 욕설을 쏟아내는 것을 참아가며 노래를 불러야 했다. 하지만 그럼에도 불구하고 포기하지 않고 인정받는 가수가 되기 위해 노력한 결과 지금의 이지은(아이유) 님이 되었다.

분명 인생을 살아가다 보면 포기하고 싶은 순간이 많이 찾아온다. 출근할 때도, 직장에서도, 집에 있는 순간에서도 말이다. 하지만 거기서 멈춰 선다면 우리는 다시 제로부터 시작해야 하는 것이다. 만약 10년 넘게 다녔던 회사에 있다가 이직했다면, 다른 곳에서도 다시 시작해야 하고,

또다시 고민하는 순간은 찾아올 것이다. 그렇기에 이지은 님이 '가수'라는 목표 하나로 역경에서도 이겨내는 것처럼 포기하지 말아야 한다.

우리 역시 무엇이 되었든 목표가 있다면
이뤄낼 수 있는 사람이 되라

〈청년, 창업에 미치다〉

이번에는 창업으로 과감히 도전해서 큰 성공을 이룬 두 분을 소개해볼까 한다.

첫 번째는 국내 비건 식품에서 주목받는 브랜드 '더 브레드 블루'의 문동진 대표님이다. 문동진 대표님은 원래 무역학을 전공해서 대림 계열사에서 유조선으로 영업하는 사람이었다. 사람 만나는 것을 좋아하는 성격이라 적성에도 잘 맞았지만, 사표를 냈다. 오로지 비건 베이커리 사업을 하기 위해서였다. 당시 국내에는 채식인은 거의 없었지만 미국 시장에서는 붐이 일고 있었던 걸 안 대표님은 과감하게 사표를 던지고 도전하게 되었다.

사업 준비를 해서 2017년 9월에 회사를 설립했다. 그러면서 그는 단순한 매장 사업이 아닌 제조와 유통을 같이하는 걸 목표로 세웠지만, 당시에는 브랜드 인지도가 낮아서 쉽지는 않았다. 그러다 보니 사업 초기에는 적자 나기 일쑤였고, 손익이 개선되지 않아 26일이 월급날인데 24일까지 월급을 지급하지 못할 상황까지 간 적도 많았다고 한다. 그래서 창업 후 2년간 개인 자산을 다 팔고 직장 다닐 때 들었던 보험도 다 깨며, 2019년까지 사업이 안 되면 사업을 접어야겠다는 결심까지 했지만. 실패하더라도 그때까지는 최선을 다해보자는 마음으로 노력한 끝에, 인지도는 끊임없이 높아지게 되었다.

그 덕분에 롯데백화점에서의 입점 제안도 들어오게 되고, 구글 마이크로소프트 등의 글로벌 기업에서 직원 간식으로 납품하는 의로도 들어오게 되면서 매출은 크게 상승했다고 한다.

하지만 2019년 모두가 아는 코로나19가 터지게 되면서 백화점 매장 매출은 곤두박질치고 IT 기업의 재택근무 확산으로 간식 납품은 중단되었다고 한다. 하지만 한쪽 문이 닫히면 다른 문이 열린다는 말이 있듯이, 브랜드가 알려지게 되면서 쿠팡, 마켓 컬리 등 온라인 몰에서 역시 러브콜을 받고 입점하여 온라인 매출이 급속히 상승하게 되었다.

이제는 비건 베이커리로 100억대의 매출을 높이는 문동진 대표님께서의 포부는 한 명의 비건을 만드는 것이 아닌 비건 음식의 대중화로 천만 명의 한 끼 식사를 비건 음식으로 하는 것이라고 하였다.

어떻게 보면 대기업에서 유조선 영업을 하다가 그것도 채식주의자도 아닌 분께서 비건 베이커리를 도전하기란 정말 쉽지 않았을 것이다. 해왔던 영역 자체가 아닌 새로운 도전이었으니 말이다. 하지만 매우 천천히 이루어진다고 하더라도 포기하지 않고 전진하다 보면 반드시 이루어진다는 말처럼, 힘든 순간에도 될 때까지 한다는 마음으로 해왔기에 큰 성공을 이룬 문동진 대표님의 '더브레드블루'의 이야기였다.

두 번째는 피자를 좋아하는 사람이라면 알만한 '알볼로'의 이재욱 대표님을 소개해 볼까 한다. 배민에 들어가서 피자를 검색하면 많이 나오듯이, 대중적인 수요가 풍부한 만큼 경쟁이 치열해서 성공하기는 쉽지 않은 분야였다.

하지만 2005년 이 대표님은 동생분과 같이 자취방 전세보증금과 직장생활을 하며 모았던 500만 원을 합해 창업자금 2,500만 원으로 6평짜리 가게에서 시작했다. 두 사람은 모두 조리를 전공하였다. 동생은 당시 가장 잘나가는 피자 브랜드인 미스터피자에서 근무하며, 도우 퍼포먼스를 펼치는 드림쇼에서 대상을 수상할 정도의 피자 전문가였고, 이 대표 역시 피자 도우 제조회사에 근무하던 도우 및 피자 식재료 전문가였다.

그러면서 둘은 의기투합해서 창업을 결심하게 되었지만, 쉽지 않았다. 투자비가 부족해서 다른 사람이 운영하는 가게를 인수했고, 인테리어는 꿈도 못 꾸기에 중고 설비에 벽지만 겨우 바른 작고 허술한 매장에서 시작하였다.

그래서였을까? 창업 후에는 애석하게도 두 달간은 하루에 2~3판 파는 게 전부였다. 피자 전문가니까 당연히 좋은 제품을 팔면 잘될 거라는 생각과는 다르게 말이다. 하지만 두 형제는 아무리 좋은 제품이여도 노출이 되지 않는다면, 아무 의미 없다고 생각해서 그때부터 전단지를 제작해서 배포하기 시작했다. 그리고 전단지에 형제의 사진을 넣고, '저희에게는 꿈이 있습니다. 열심히 하고 맛있고 건강하게 만들겠습니다.'라는 각오를 담기며 하루 1천 장씩 배포했다.

그 결과, 효과는 바로 나타났다. 월 200~300만 원 하던 매출이 2~3배 이상 뛰게 되었고, 거기에서 멈추는 것이 아닌 다른 쟁쟁한 브랜드들과의 경쟁을 위해 브랜드 디자인이 뛰어나야 한다고 생각해 디자인에 대한 투자는 아끼지 않았다.

'효율'보다는 '품질'을 더 우선으로 여기고, 수제 조리방식과 좋은 원재료에 대한 고집을 꺾지 않고, 조금 느리지만 착실하게 바닥을 다지며 나아가서였을까? 6평대의 구멍가게가 지금은 325개의 점포를 가지며 한국을 대표하는 브랜드로 자리 잡고, 연 1,300억 원에 달하는 매출을 내고 있다. 2,500만 원으로 시작한 6평짜리 피자가게가 한국 피자 시장에 새로운 문화를 만들며 연 1,000억이 넘는 매출을 낼 거라고 아무도 상상하지 못했을 것이다. 형제들 역시 마찬가지였을 것이다.

하지만 이들은 정말 대단한 사람들이다. 잘 다니던 직장을 그만두고,

자신만의 피자를 만들기 위해 창업을 시작했고, 비록 돈이 부족해 2,500만 원으로 시작했지만, 경쟁력을 높이기 위해 브랜드 디자인에 500만 원을 투자했다는 것은, 정말 과감한 도전이었을 테니 말이다.

이처럼 우리 역시 성공하기 위해서는 과감한 도전이 필요하다. 힘들고 어렵다고 어제와 같은 오늘을 살아간다면, 다른 사람들이 다 성장할 때 나 혼자 제자리걸음하는 것과 같으니 말이다.

돈 버는 것도 마찬가지다. 같은 월급을 받지만, 재테크를 하는 사람과 하지 않은 사람의 10년 뒤는 분명히 다를 것이다. 원인이 있어야 결과가 있듯이. 가만히 있는데 무슨 결과를 바랄 수 있겠는가. 아무것도 일어나지 않을 것이다.

'부자 되고 싶다. 많이 벌고 싶다.'라고 백날 말만 하지 말고 행동하자. 빠르면 빠를수록 좋다. 당장 지금이라도 시작해야 한다. 하루라도 빨리 변화된 나의 삶을 위해서 말이다.

4장

바닥에서 시작하는
재테크 자동화의 기초

1

재테크 자동화로 놀면서 돈을 벌자

재테크를 함에 있어 유의할 점 3가지

자, 이제 우리는 근로소득만으로는 자본주의 사회를 살아가기에 부족하다는 건 누차 말해서 알고 있을 것이다. 그래서 이를 보충하기 위한 재테크를 해야 한다는 것도 알지만, 처음 하는 사람에게는 쉽지 않은 건 당연하다.

어떻게 보면 재테크를 한다는 것은 돈을 어딘가에 투자를 한다는 것을 말하지 않는가. 하지만 일반적으로 투자할 때 기대할 수 있는 수익률이 리스크에 비례할 수밖에 없다. '하이 리스크 하이 리턴'이라는 말이 있듯이, 위험이 클수록 수익률은 높아진다. 특히나 일반적인 투자 주식투자나 부동산 투자가 그렇다. 주식이나 부동산은 하는 사람마다 다르겠지만, 보통 수익을 보려면 장기적으로 투자하라고 한다. 하지만, 많이 벌 수 있다고는 한들, 정보가 없으면 무용지물 아니겠는가. 그래서 투자가 익숙하지 않을수록 더 많은 시간을 들여, 조사를 할 수밖에 없다.

그랬을 때, 수익이 나면 다행이지만, 수익이 나지 않는다고 하면 오히려 다른 것보다 막심한 손해를 볼 수밖에 없다. 그러다 보니 제대로 알지 못하고 투자를 한 경우 작은 변동에도 큰 불안감을 느끼고, 비교적 안정적인 자산에 투자했다고 생각했지만, 제대로 이해하지 못하면 잃을 수 있다는 마음이 들 수밖에 없다.

그리고 뭐가 되었든 수수료는 조금씩 발생이 되지만, 펀드 같은 경우에는 전문기관에 투자를 일임하기 때문에, 수익이 발생하든, 하지 않든 수수료를 지불해야 한다. 수익이 마이너스여도 말이다.

자, 여기까지 보았을 때 어떤가. 지레 겁이 나지 않는가. 하고는 싶어도 쉽지 않고, 그렇다고 적은 수익이 아닌 많은 수익률을 보고 싶고, 많은 시간이 뺏기고 싶지 않은 게 사람 마음인데 말이다.

혹시 이렇게 막막한 길을 걷고 있었던 당신이라면 이제는 이승주식 재테크 자동화를 통해서 놀면서 돈을 벌자. 다른 것과 비교해 보아도, 이 방법만 한 게 없을 테니 말이다.

보통 우리가 재테크를 하려고 한다면 주의할 점이 크게 3가지가 있다.

첫 번째, 리스크가 없거나 적어야 한다. 재테크를 함에 있어 우리는 어렵게 모으고 모았던 씨를 통해 시작하게 된다. 그렇다면 부업이 되었든, 창업이든, 투자든 리스크가 많다면 굳이 할 이유가 있겠는가. 그렇기 때문에 무언가를 시작하려고 한다면 리스크가 아예 없으면 좋지만 웬만하면 적어야 한다.

두 번째, 시간이 많이 들지 않아야 한다. 보통은 직장을 다니는 직장인들이다. 오전 9시부터 오후 6시까지 직장에 있다가, 집에 와서 밥 먹고 한다면 평일 기준 하루에 투자할 수 있는 시간은 많아봤자 3시간이다. 그렇다면 주말에 재테크 공부를 하기엔 우리에겐 소중한 가족과 연인이 있지 않은가. 쉼도 분명 필요하기에 많은 시간이 들어서는 안 된다.

세 번째, 꾸준히 수익을 낼 수 있어야 한다. 대부분 우리가 알고 있는 재테크 방법은 언제 파냐에 따라 수익률은 달라지겠지만, 파는 순간 그 거래는 끝이 날 수밖에 없다. 물론 수익금으로 다른 투자를 함으로써 수익을 창출해 낼 수 있지만, 그렇다고 계속해서 수익을 낸다는 보장은 없기에 웬만하면 꾸준히 수익을 낼 수 있어야 한다.

그렇다면 과연 이승주식 재테크 자동화는 부합한지 비교해 보자.

첫 번째, 리스크가 없거나 적어야 한다. 책이기 때문에 자세히 다룰 수는 없지만, 계속해서 언급하고 있는 재테크 방법은 '1억 창업'이다. 보통 창업하게 된다면 임대료부터, 인테리어, 아이템 등등 신경 쓸 것이 많다. 하지만 '1억 창업'은 1억으로 오프라인 매장을 지원해 주고, 2년간 임대료마저 지원을 해주며, 필요한 집기나 기본적인 인테리어, 현판까지 자수성가 공부방에서 다 지원해준다. 그리고 어떻게 운영하는지까지 알려줄 순 없지만, 1억 창업은 사업 리스크가 제로에 가깝다.

두 번째, 시간이 많이 들지 않아야 한다. 놀랍게도 1억 창업 같은 경우에는 관리자를 지원해 주기 때문에 따로 일하거나 많은 시간을 할애할 필요가 없다. 보통 창업하게 된다고 하면, 가장 부담이 되는 건 인건비이다. 수익이 잘 나면 상관이 없겠지만, 나지 않더라도 근로기준법상 무시할 수 있는 부분이 아니니 말이다. 하지만 운영하는 데 필요한 관리자 역시 자수성가 공부방에서 지원을 해주기 때문에 시간이 많이 들어갈 수가 없다.

세 번째, 꾸준히 수익을 낼 수 있어야 한다. 솔직히 말하면 창업이기 때문에, 수익이나 기간을 확정 지어서 말할 순 없다. 생각해 보아라. 우리 집 앞에 있는 고깃집. 하루 매출이 얼마인지 알 수 없다. 그렇다면 다음 달 매출과 순수익은 예상할 수 있을까? 절대 예측할 수 없다. 하지만 확실한 건 있다. 사람은 찾아가고, 매출은 발생한다는 건 말이다.

이승주식 재테크 자동화는 그 어디에도 없는 유일무이한 방법이기 때문에, 쉽게 알려줄 순 없다. 하지만 확실한 건, 우리가 흔히 알고 있는 재테크와는 비교가 될 수가 없다.

그렇기 때문에 어차피 재테크를 해야 한다면, 위험을 무릅쓰고, 불안감에 떨며 시작하기보다는, 이승주식 재테크 자동화를 통해서 안전하게 돈 벌고, 내가 하고 싶은 게 있다면 자유롭게 하고, 놀러 가고 싶을 땐 편하게 놀러 다니는. 바로 이게 우리가 바라는 진정한 행복 아닌가.

우리는 지금까지 직장에서 이리 치이고 저리 치이며 치열하게 살 수밖에 없었다. 아침에 일찍 일어나는 것부터 시작해 남의 눈치 보고, 하기 싫은 일을 억지로 해내며, 모진 말을 들어도 참아내며 말이다.

그렇다고 몸 바쳐 일한 회사만 믿고 있기엔 미래는 불안하고, 마음이 무거울 수밖에 없다. 회사 측에서는 가장 체력 좋고 열정적인 직장인들의 에너지를 모기처럼 쪽쪽 빨아들이는 것은 합리적인 선택일지 모르지만, 개인 측에서는 인생의 황금기를 회사의 이익에 받치며 살아가니 말이다. 그리고 은퇴하는 그날만을 기다리면서 살아가는 게 과연 맞을까?

그렇게 살아가기엔 인생은 너무 짧다. 평생 누군가의 밑에서 일만 하기에는 아직 내가 무엇을 잘하는지, 내가 무엇을 좋아하는지 제대로 알아보는 시간조차 없었을 것이다. 내가 아닌 남을 위해 헌신하며 살았으니 말이다.

그런 사람들이라면 이제는 재테크 자동화를 통해 돈을 벌고, 남는 나의 시간에는 더더욱 남이 아닌 진정한 '나' 자신을 위한 시간을 가졌으면 좋겠다.

직장에서의 마감일 압박, 직장이나 가정에서 아우성치는 일들, 직장을 통한 정신적 스트레스, 책상 앞에 앉아 퇴근 시간만을 기다리는 것이 아닌, 돈이 안 된다는 이유로 저버릴 수밖에 없었던 나의 꿈을 펼쳐 나가며, 좋아하는 취미를 하고, 해보고 싶었던 것을 해보며 말이다. 그리고 무엇보다 가족이나 친구, 연인 등 소중한 사람들과 소중한 시간을 보냈으면 좋겠다.

'나' 혼자가 아닌 대화할 수 있는 누군가, '나'와 같이 맛있는 것을 먹을 수 있는 누군가, '나'와 함께 놀러 갈 수 있는 누군가가 있다는 것은 정말 행복한 일이다. 하지만 바쁘다는 핑계로 미루고 미뤄 일에만 치중하며 살았던 당신이라면, 이제는 더 이상 '돈'과 '시간'에 구속받지 않는 인생을 살았으면 좋겠다. 당신은 충분히 그것들을 누릴 수 있는 자격이 되니 말이다.

2

천재와 둔재가 없는 재테크 자동화

다 알아서 해주기 때문에 학력이 상관이 없고,

내가 천재든 둔재든 상관이 없다

한국 사회에 살아가고 있다면 모두 공감할 것이다. 특별한 능력이 없으면 공부를 잘해야만 우대받는 세상이란 걸 말이다. 그래서 확고한 꿈이 정해지지 않은 이상, 초등학교, 중학교, 고등학교까지의 목표는 오르지 '대학'이었고, 수능이 마치 인생의 전부인 것처럼 잘 본다면 모든 것이 잘 풀릴 거 같았던 우리의 10대처럼 말이다.

힘들지만 좋은 학벌을 위해 부족한 과목을 보충하러 국어, 영어, 수학 등 학원을 다니고, 그걸로도 부족해 매일 새벽 1~2시까지 독서실에 있고, 분명 다 잘할 순 없어도 상대평가 속에 살아가는 학교에서 좀 더 높은 등급을 맞기 위해 노력할 수밖에 없었다.

그때를 돌아보면, 의무교육으로 학교는 다녀야 했고, 공부 말고는 '나'를 증명해 보일 수 없었기 때문에, 공부를 잘하는 사람이 1순위였다. 생각해 보아라. 유치원 때 받아쓰기부터 시작해서 국어 수학 100점 맞아가면 '역시 우리 딸 혹 아들은 천재야. 뭐 갖고 싶은 거 있니?'라며 시험 점수에 부모님께서는 악마가 되었다, 천사가 되었다 반복하지 않았나.

학교에서도 마찬가지다. 상위권이라면 반장이라는 직책을 가질 확률도 높았고, 선생님들의 칭찬과 보호 아래서 지낼 수 있다.

분명 경험해 본 사람은 있을 것이다. 공부를 잘하는 사람과 공부를 못하는 사람이 장난치고 놀았을 때, 선생님께서 나무라는 사람은 공부를 못하는 사람이었다는 것을 말이다. 공부를 잘하는 친구가 먼저 말 걸고 장난쳤음에도 불구하고, 선생님은 무조건 공부 잘하는 친구 편이다.

이처럼 사회는 공부가 중요시하고, 더 나아가 학벌도 중요해진 사회가 되었다. 그래서 우리의 인식 역시 "학벌은 꼭 필요하다."라고 생각할 수밖에 없다.

통계학적으로 보더라도, '학벌이 입사에 영향을 미친다.'(92.9%), '학력이 좋을수록 좋은 직업을 구하기 쉽다.'(88.1%), '학력이 좋아야 수입도 많다.'(79%)라고 여겼다. 결혼 시장에서도 마찬가지다. '학벌이 결혼에 영향을 미친다.'(82.8%)라는 응답이 많았고, '학력이 좋을수록 원하는 배우자를 만나기 쉽다.'(82.8%)라고 답한 이가 대부분이었다.

하지만 반대로 '우리 사회에서 대학을 나오지 않아도 충분히 성공할 수 있느냐?'라는 물음에는 그렇지 않다(64.4%)고 말한 이들이 다수였다.

이처럼 '인생에 학벌은 중요한가?'라고 묻는다면, 사회가 바라보는 시선에 맞춰야 한다면 중요하다고 말할 수밖에 없다.

학벌의 늪에서 빠져나오지 못하는 한국 사회에서 학벌은 나를 모르는 사람들에게 첫인상으로 가장 빠르게 '나'에 대한 이미지를 심어줄 수 있기 때문이다.

생각해 봐라. 만약 흔히 아는 SKY(서울대, 고려대, 연세대)를 나왔다고 하면 어떤 생각이 드는가? 일단은 '똑똑하다'라는 전제가 깔리고 간다. 그래서 능력과 상관없이 좋은 대학 간판 하나만으로도 '인생 경쟁'에서 부러움을 사는 대상이 될 수밖에 없다. 그래서 사회에서 인정받기 위해서는 공부도, 학벌도 정말 중요한 부분이다.

하지만 중요한 것은 학벌이 좋아야지만, 돈을 더 많이 번다는 것은, 틀린 말이다. 반대로, 학벌이 미천하다고 가난한 것 역시 아니다. 보통 보면 가난한 부모에게서 태어났다면 불리한 것도 있다. 하지만 학벌이 안 좋은 사람 중 부자가 된 사람은 얼마든지 있다. 특히 우리가 흔히 알고 있는 빌 게이츠나 워런 버핏도 세계적인 부자이지만, 대학에서는 배울 것이 없다고 생각해 가지 않았다고 한다. 물론 반대로 부자지만, 좋은 대학을 나오신 분들도 계신다. 삼성전자의 이재용 회장님은 하버드대학교 경영대학원을, 신세계의 정용진 부회장님은 브라운대학교 경제학을 말이다.

하지만 사회에서 성공하고 부자가 되기 위해서 학벌은 일부에 불가하다는 것이다. 부자가 되기 위해서는 지도력, 창의력, 공감 능력, 소통 능력, 분석력, 이해력, 암기력, 스스로 동기를 부여하는 능력 등 다양한 덕목들을 필요로 할 수밖에 없다.

재테크 역시 마찬가지다. 어렸을 때부터 부모님께서 경제 관념을 세워주시지 않는다면, 똑똑한 사람도 그렇지 못한 사람도 다 똑같은 위치에서 시작하는 것이다. 이를 증명하기 위해, 경제평론가 박경철 씨는 '똑똑하다고 재테크를 잘하나?'라는 주제로 실험을 해봤다고 한다.

내용은 이렇다. 각각 학벌도 월급도 다른 3명이 있다. 하지만 그 사람들의 8년 후 자산이 어떻게 바뀌었는지, 누가 재테크를 가장 잘했는지 확인하는 거였다. 인물들은 이렇다. A는 전문대 학력의 26세 소기업을 다니는 여성, B는 어문계열 대졸 학력의 대기업을 다니는 36세 남성, C는 이공계열 석사 학력의 중기업에 다니는 30세 남성이었다.

진정한 전문가를 따라가라

자, 당신이 생각하기엔 어떤가. 누가 가장 재테크를 잘했고, 많은 자산을 가지고 있을 것 같은가. '대기업을 다니는 B가 돈도 많이 벌고 똑똑하니 가장 잘하지 않았을까?'라고 생각했다면 틀렸다. 월급은 B, C, A 순으로 높았지만, 8년 후에 이들의 자산은 A, B, C 순으로 A가 6억 원, B가 4억 원, C가 2억 원이었다.

놀랍지 않은가? 하지만 이렇게 될 수밖에 없었던 이유는, A는 위험을 무릅쓰고 과감하게 투자에 나서 큰 수익을 냈지만, 반면 C는 안전만을 생각해 이익을 적게 얻었기 때문이다. 결과만 보면 투자에 대한 적극성이 차이를 만든 것으로 볼 수 있다.

일반적으로 재테크나 투자는 C와 같이 과학적이고 합리적인 사람들이 상대적으로 분석력이나 이해력, 정보력 등이 뛰어나기 때문에 실수도 덜하고 이익도 많이 낼 것이라고 생각한다. 정보에 근거해 합리적으로 움직이면 투자에서도 발군의 실력을 보일 수 있으니 말이다.

그렇지만 앞에서 예를 든 것처럼 똑똑하다고 알려진 전문직 종사자들의 재테크 결과는 오히려 그렇지 못한 사람보다 더 낮은 편이었다. 이뿐 아니라 최근 평균 석사 이상의 학력을 가진 과학기술자 2,000여 명을 대상으로 진행한 한 설문조사에서 이들의 평균 자산이 학력 수준을 고려할 때, 국민 평균보다 낮은 것으로 나타났다.

   물론 사람마다 변수가 너무 많아 일반적인 예로 제시하기에는 분명 한계가 있을 수 있다. 하지만 말하고자 하는 것은 돈을 많이 벌어들이는 거에 있어서 학벌이 반드시 중요한 것은 아니라는 것이다. 생각해 봐라. 학력 좋고 공부 잘하는 사람만 살아남는 사회라면 천재를 제외한 범재나 둔재는 살아남을 수 있을지 말이다. 하지만, 학벌이 돈을 많이 버는 것에 있어 100% 영향을 끼치지 않는다는 것이지, 재테크를 하기 위해서 공부해야 하는 것은 같다.

   처음에 서점에 가서 '돈, 경제, 투자' 관련 분야의 책을 살펴보고, 중요 내용은 기록하거나 요약하며 읽어야 한다. 그리고 경제를 알아야 세상이 보이는 것처럼, 경제에 대한 흐름을 알기 위해 경제 뉴스를 봐가며 안목을 높여 나가야 한다. 하지만 공부에도 때가 있다는 말처럼, 한 살 한 살 먹어가면 갈수록 공부하는 게 쉽지 않다. 돈을 벌기 위해 재테크는 하지만, 이해가 안 되기도 하고, 힘들어서 중간에 포기하는 경우 있을 것이다.

   그래서 이런 분들에게는 더더욱 이승주식 재테크 자동화가 필요한 사람들이다. 1억 창업이지만, 다 알아서 해주기 때문에 내가 학력이 좋든 나쁘든, 천재든 둔재든 다 상관없다. 내가 직접 공부를 하는 것도 아니고, 많은 시간이 할애되는 것도 아니다.

생각해 보아라. 일반적인 투자 주식이나 부동산은 운도 운이지만, 분명한 실력이 뒷받침되기 위해서는 공부는 필수 아닌가. 남 말만 믿고 판단하기엔 마이너스를 많이 보니 말이다. 하지만 그렇다고 공부한 만큼 리스크가 없는 것도 아니다. 그래서 우리는 두려워할 수밖에 없지만, 재테크 자동화 방법은 다른 것과는 다르다. 사업 리스크 0%의 창업이다.

이게 가능할 수 있는 이유는 15년 동안 자수성가 부자가 되기 위해서 노력하신 이승주 소장님께서 직접 운영하고 계신 사업이기 때문에 이렇게 자신 있게 말할 수 있는 것이다.

자, 그러면 내가 공부하기는 싫고, 돈을 벌기 위해 재테크는 해야 하겠다고 맘을 잡았으면 믿고 안 할 이유가 없지 않겠는가? 내가 직접 공부하는 것도, 시간이 걸리는 것도, 따로 리스크가 있는 것도 아니니 말이다.

괜히 검증되지도 않은 정보를 바탕으로 투자해서 소중한 씨드를 잃지 말고, 검증된 전문가를 믿고 따르자. 우리 모두 한 분야의 전문가인 것처럼, 이승주 소장님 역시 재테크 관련 전문가이시다. 그래서 당신 역시 진정한 전문가를 만나 부를 창출해 나가길 바란다.

3

재테크, 선택이 아니라 필수다

당신의 노후는 어떤가, 국민연금은 믿을 만한가?

100세 시대에 접어든 게 엊그제 같은데 벌써 120세까지 바라보는 시점까지 왔다. 오래 살면 살수록 할 수 있는 것도 많고, 여행도 다니며 더 행복할 것만 같지만, 100% 그런 것은 아니다.

시간이 지나면 지날수록 의학의 발달로 평균 연령이 높아지고 있는 것은 사실이지만, 보통 60세가 되면 정년퇴직을 하게 된다. 우리는 은퇴 후 50~60년이라는 긴 세월 동안 노동 없이 살아남아야 하는 숙제가 있다.

직장생활에서 성공해서 임원이 되었거나, 전문직으로 부를 축적한 사람이나, 사업 수완이 뛰어난 사람들에게는 죽을 때까지 먹고사는 데는 큰 지장은 없을 것이다, 특히나 고위 공무원이라면 산하 기관으로 내려갈 수 있고, 임원이라면 계열사나 중소기업으로 옮길 수도 있다. 이런 분들은 모아놓은 자산이 상당히 많기에 노후에 대한 걱정 없이 살아갈 수 있다.

하지만 문제는 상위 10% 안에 들지 못하는 중생들이다. 노인 일자리 사업 같은 특화사업을 제외하고 60세가 넘는 이들을 받아줄 회사는 많지 않다. 그들이 은퇴 후 50~60년 동안 할 수 있는 것은 무엇이 있을까? 방법은 사회생활하면서 축적한 자산을 투자해서 죽을 때까지 먹고사는 방법밖에 없다. 보통 은퇴하면 "할 거 없으면 치킨집이나 차려야지."라는 말을 농담 식으로 많이들 하는데 물론 잘되면 좋다. 하지만 사업이 망할 확률도 다반사다. 그리고 무엇보다 나이도 있기 때문에 체력도 따라주지 못할 것이다.

현재 미국에서 은퇴하는 베이비부머들이 가장 큰 두려움이라고 하면 죽음 자체가 아니라 '모아 놓은 돈보다 더 오래 사는 것'이라고 한다. 그저 취미 생활이 아닌 우리 모두 노후 대비를 하기 위한 필수 조건으로 말이다. 이렇듯 재테크는 선택이 아닌 생존을 위한 필수 조건이다.

더군다나 2022년 투자로 80조 가까이 손실을 내 놓은 국민연금도 과연 신뢰할 수 있을지도 알아봐야 한다. 국민연금기금 운용 수익률은 -8.22%까지 떨어지면서 이렇게 운용해놓고 책임지는 사람은 없고 보험료율을 올리고 지급 연령은 늦춘다는 말까지 나오는 이 상황에서 받을 수 있을지 없을지 모르는 상황이 계속되는 가운데 보험료만 더 내라고 하니 답답할 노릇이다.

구 분	최대적립기금 시점	수지적자 시점*	기금소진 시점
5차 재정계산	2040년(1,755조 원)	2041년	2055년(△47조 원)
4차 재정계산	2041년(1,778조 원)	2042년	2057년(△124조 원)

< 재정수지 전망 >

* 수지적자 시점은 당년도 지출이 총수입(보험료수입+기금투자수익)보다 커지는 시점임   ( )값은 적립기금 규모

이 표에 보이는 것처럼 정부는 2055년이면 국민 연금이 고갈될 것이라고 예측했다. 놀라운 것은 2017년만 해도 고갈시기를 2060년으로 전망했지만 그 시기가 몇 년 만에 5년이나 앞당겨졌다는 말이다. 이거 역시 낙관적이다 보니까 아마 실제 고갈속도는 이보다 더 빠를 가능성이 크다.

2050년 인구 구조에 관한 통계청 자료를 보면 25~49세 인구가 1,053만 명, 50~64세 인구가 1,055만 명, 65세 이상 인구가 1,900만 명일 것이라는 전망이 있다. 그렇다면 모든 국민이 64세까지 일을 한다는 매우 비현실적인 가정을 해도 2,108만 명의 근로자가 1,900만 명의 노인을 먹여 살려야 하는 상황까지 오게 된 것이다. 하지만 여기에 주부, 실업자,

64세 전에 실직하는 경우를 제외하면 말이다. 거의 근로자 한 명이 노인 한 명을 부양해야 하는 셈이다.

이 수치만 보더라도 국가는 절대로 노후를 즐길 수 있을 만큼의 연금을 책임질 수가 없다. 나의 노후 생활은 그 누구도 아닌 나밖에 책임질 수가 없다. 하지만 재테크의 노하우나 지식은 한순간에 하늘에서 뚝 떨어지지는 않기에 하루 빨리 시작해야 하는 것이다.

하루라도 빨리 공부해 자수성가 부자가 되자

너무 부정적으로만 말해서 그렇지, 재테크를 통하여 부를 축적해 나간다고 한다면 충분히 인생역전도 가능하다는 말이다. 회사의 월급보다 더 중요한 것이 재테크이다.

뭐든지 시행착오를 겪지 않으면 무너지기 마련인 것처럼, 빨리 시작한다면 그만큼의 경험은 무시하지 못한다. 그렇기 때문에 회사에서 인정받고 성공했다고는 하지만 재테크에는 전혀 신경을 쓰지 않은 사람과 회사에서는 조금 부족하고 인정하지 못 받았지만 주식과 부동산에 투자를 사람과 비교해 봤을 때 후자가 훨씬 더 낫다는 것이다.

웬만한 성과급을 받는 영업직을 제외하고는 대부분 직급제로 많이 받기 때문에 월급에 있어서는 잘하든 못하든 큰 차이는 없지만 재테크를 하고 안하고는 하늘과 땅 차이다. 은퇴 후 어떤 사람이 될지는 나의 선택에 달려 있는 것이다.

우리가 재테크를 하는 목적이 무엇인가. 노후에 돈 걱정 없이 시간 걱정 없이 살기 위해서 그런 것 아닌가. 경제적 자유에 이르기 위한 금액은 사람마다 다 다르겠지만 노후 자금이 필요하다는 것은 누구나 알고 있는 사실이다. 하지만 우리는 필요한 노후 자금이 얼마인지 막연하게 생각한다. "50억 이상 있으면 행복할 것 같다.", "100억 이상 있으면 행복할 것 같다."고 말을 하지만 우리는 이 금액이 왜 필요한지 목표를 세운다면 조금 더 쉽게 다가갈 수 있다.

우리가 자주 하는 말 중에 하나가 돈이 돈을 벌리는 구조를 만들어야 된다고 많이들 한다. 단순히 돈이 많아서 돈을 번다는 것이 아닌 돈이 일해서 다른 돈을 벌어올 수 있도록 해야 하는 것이다. 그리고 돈이 돈을 벌어올 수 있도록 하려면 돈이 많고 적음을 떠나 공부하고 노력해야 한다. 부자들은 모든 돈을 은행에 맡기는 어리석은 짓은 아예 안 한다. 부자들은 결국 돈이 돈을 버는 시스템을 갖추고 있는 것이다. 돈이 많든 적든 누구나 갖출 수 있고, 부자가 되기 위해서는 꼭 갖춰야 되는 시스템이다.

돈이 돈을 버는 시스템을 갖추기 위해서는 돈에게 일을 시키는 법을 알아야 한다. 지금까지 수입은 당연히 노동을 통해 버는 것임을 알고 있었기에 당연히 생소할 수 있다. 하지만 똑같은 자본을 가지고도 여유롭게 사는 이들이 있는 반면, 어떤 이들은 쪼들리는 삶을 산다는 것을 알아야 한다.

예를 들어볼까? 만약 5,000만 원이라는 자본을 갖고 있고, 월급은 300만 원씩 받는 A와 B가 있다고 가정해보자. A는 5,000만 원 전부를 은행에 저축해놓고, 생활비를 제외한 월급 역시 매달 은행에 저축하며 차곡차곡 쌓여가는 돈을 보며 흐뭇해하며 다음 달에는 더 아껴서 많이 저축해야 생각을 한다.

B는 은행의 대출을 활용해 가지고 있는 5,000만 원으로 상가 한 채를 구입하기로 한다. 상가 임차인의 보증금을 받으며 대출금을 제외한다면 실질적으로 투입된 현금은 3,000만 원이다. 그 후에는 매월 100만 원 이상의 월세(대출 이자를 제외한 순수익)가 나온다. 회사에서 매달 받는 월급도 있으니 A와 B가 같은 소비를 한다고 가정했을 때, B는 은행에 저축한 A보다 더 많은 금액을 모을 수 있다. 그리고 일정 금액이 모인다면 남은 2,000만 원에 보태어 또다시 부동산을 살 수도 있는 것이다.

이들의 1년 후의 모습은 어떨까? A 같은 경우에는 은행이자율 대략 3%

로 잡고 계산을 해 본다면 5,000만 원에 대한 1년 후 이자는 150만 원이 된다. 만약 여기에 200만 원의 월급 중 아끼고 아껴서 매달 100만 원씩 저축을 했다고 한다면, 1년 후에는 1,200만 원을 모을 수 있을 것이다. 그렇다면 1년 후 A는 6,350만 원(원금 5,000만 원+이자 150만 원+월급저축 1,200만 원+월급에 대한 이자)의 자본금을 갖게 된다. 결과적으로 1년 동안 아끼고 모아서 1,350만 원을 모은 셈이다.

반면, B 역시 월급 200만 원 중 100만 원은 저축했다고 했을 때, 월급 저축금액 100만 원과 상가에서 나오는 월세 100만 원 총 200만 원씩을 모을 수 있어 1년 후에는 2,400만 원을 모을 수 있는 셈이다. 그리고 저축해준 나머지 금액 2,000만 원에 대한 1년 후 이자는(이자율은 3%로 동일) 60만 원이다. 따라서 그는 1년 후 7,460만 원(원금 2,000만 원+이자 60만 원+상가 3,000만 원+월급저축 1,200만 원+월세 1,200만 원+월급에 대한 이자)의 자본금을 갖게 된다. (여기서 상가의 자산가치가 오르는 것은 제외하고 계산했다.) 5,000만 원에 대한 대출 이자를 5%로 잡는다고 하더라도 1년간 약 2,200만 원의 재산이 증가된 것이다.

1년이 지난 이 시점부터 격차는 나기 시작하고, B의 경우는 이전에 상가를 사고 남았던 2,000만 원에 자본금을 활용해서 월세를 100만 원 받을 수 있는 부동산을 추가로 구입하려고 할 것이다. 그렇다면 과연 A와 B의 5년 뒤 모습은 비교할 수 없을 것이다. 계속해서 돈에게 일을 시킬 B

의 수익은 무궁무진하게 증가할 테니 말이다.

A와 B의 차이점을 알겠는가? A는 '돈을 모으는 것'에, B는 '돈에게 일을 시키는 것'에 집중을 한 것이다. 하지만 대부분은 A에 훨씬 익숙할 것이다. 은행은 안전하게 돈을 불려주는 곳이라고 생각하기 때문이다. 하지만 은행은 얄팍한 이자에 잠시 돈을 보관해주는 곳이다. 은행에 있는 돈은 나를 위한 돈이 아닌, 은행을 위해 일하는 돈이다.

'나중에 어떻게든 되겠지, 나라에서 어떻게든 해주겠지.'라는 안일한 생각을 갖지 말고, 하루라도 빨리 공부해 자수성가 부자가 될 수 있도록 노력하자.

4

구체적인 목표를 세우고 재테크하라

당신의 꿈은 무엇입니까?

이 질문에 사람들은 2가지 부류로 나눠진다. "1년 안에는 부동산 공부를 마치고, 부동산 투자로 월 500만 원 이상 벌 수 있는 구조를 만든 다음, 5년 뒤에는 세계여행을 다니고 싶다."라고 말을 하는 사람이 있는가 하면, "그냥 부자 되는 거요. 돈 많이 버는 게 좋죠."라는 막연한 꿈을 이야기하는 사람이 있을 것이다. 당신은 전자인가 후자인가. 혹시 전자라고 하여도 괜찮다. 이제 알았으니 바꾸면 되니 말이다.

주변만 둘러봐도 알 것이다. 생각보다 목표 없이 그저 흘러가는 대로 살아가는 사람이 많다는 것을. 그러면서 회사 일만 하더라도 "힘들다, 하기 싫다."라는 말을 달고 살며, 항상 피곤해하고 무기력해 하는 것을 보았을 것이다.

물론 일하고 들어오면 피곤한 건 사실이다. 그것은 직장인 대부분이 똑같을 것이다. 하지만 그럼에도 불구하고 부지런하고 항상 에너지가 넘치는 사람이 있다. 바로 뚜렷한 목표를 가진 사람이다. 그리고 그런 분들 옆에 있으면 나도 모르게 긍정적 에너지가 뿜어져 나와 뭐든 해낼 수 있을 것 같은 힘이 생긴다. 그런 경험 다들 해봤을 것이다.

하지만 반대로 '평일에는 열심히 일했으니 주말만큼은 쉬어야지.' 하면서 TV 앞에서 자고 먹고 하루 종일 뒹굴거려 본 적도 있을 것이다. 그럼 어떤가. 하루가 무의미하게 지나갔다고 느껴지며 더 피곤함을 느끼지 않았는가? 그러면서 아무것도 하기 싫어지고, 당연히 목표를 이뤄야겠다는 생각조차 하지 않게 되면서 그대로 살아가게 되는 악순환이 반복된다.

이렇듯 계속해서 목표 없이 흘러가는 대로 사는 사람은 이런저런 이유로 평생을 굴레에 갇힌 삶처럼 살아갈 수밖에 없다.

혹시 원하는 삶이 이런 삶인가? 아니라면 우리는 변화되어야 한다. 절대 편안함만 추구해서는 안 된다. 조금 힘들고 어려울지라도 뚜렷한 목표를 세우고 실천해 나가는 것은 중요하다.

어제보다 성장한 나를 만들기 위해서 말이다.

하지만 이보다 더 중요한 것이 있다. '너 자신을 알라.'라는 소크라테스의 말처럼 먼저 내가 어떤 사람이고 어떤 상태인지를 점검해봐야 한다. 그러기 위해선 본인 스스로에게 주는 '재무상태표'가 필요하다. 보통 '재무상태표'라고 하면 기업이 보유하고 있는 자산과 부채를 의미하지만, 나에게도 분명 적용할 필요가 있다.

자산에는 보유한 저축, 주식, 부동산(+전/월세 보증금) 등이 있을 것이고, 부채는 실제 내가 갚아야 하는 돈들(주택담보대출, 신용대출, 마이너스 통장)이 될 것이다. 그리고 자산에서 부채를 뺀 것이 바로 현재 순자산이 될 것이다. 이것을 토대로 자산을 잘 관리하고 있는지, 확인하는 방법도 있다. 바로 토머스 스탠리 박사의 『이웃집 백만장자』에 소개된 '부자지수'이다.

이것은 말 그대로 부자가 될 수 있는 확률을 수치로 나타낸 것으로, 이를 활용하면 재테크 수준이나 소비 습관을 알 수 있다. 공식은 이렇다.

(현재 순자산*10)/(현재 나이*연간 총소득)*100%

50% 이하: 자산관리에 미흡함

100% 이하: 자산관리에 노력이 필요함

200% 이하: 자산관리를 잘하는 편임

200% 이상: 자산관리를 아주 잘함

부자 지수와 비례하는 것은, 보유한 순자산이다. 반대로 반비례하는 것은 나이이다. 연 소득은 기하급수적으로 높이기 힘들고, 나이 역시 조정이 불가능한 항목이기 때문에 보유 현금이 많을수록, 나이가 어릴수록 부자가 될 확률이 높다는 것이다. 물론 정부 정책이나 자산 변동에 따라서 부자 지수는 큰 폭으로 달라지기 때문에 100% 신뢰할 순 없지만 이걸 토대로 현재 자산 상태를 확인해보고, 목표를 세워나갈 수 있다.

작은 목표들이 모여서 큰 목표를 이룬다

혹시 『꿈꾸는 다락방』에서 소개되었던 R=VD 공식을 알고 있는가? '생생하게 꿈꾸면 이루어진다.'라는 말처럼 사람은 자신이 그린 대로 삶을 살아가게 되어 있다.

대표적인 예로 스티브 잡스가 있다. 1985년 자신이 창업한 애플에서 쫓겨난 잡스는 픽사에서 영화를 제작하다가 12년이 지난 후 다시 애플에

복귀하게 되었다. 그 당시 회사 경영이 힘들어서 파산 직전까지 가게 된 상황이었지만, 잡스는 자신이 상상하고 있는 모든 것을 100% 구현할 수 있다고 스스로 믿었고, 본인뿐만 아니라 회사 내 기술자, 프로그래머 등 자신이 믿고 있는 것을 함께 믿도록 하였다. 그 결과, 애플은 다시 일어났고, 잡스는 최고의 기업으로 우뚝 세워질 수 있었다. 물론 스티브 잡스가 성공을 위해 이 공식대로 움직여야 한다며 행동한 것은 아닐 것이다. 하지만 잡스를 포함한 대부분의 성공한 CEO들의 일화를 보면, 무의식 속에서 강렬하게 자신이 성공한 모습들을 생생하게 그렸다고 한다.

우리라고 다를까. 똑같은 사람이다. 현재 애플과 같은 기업을 세우라는 것도 아니고. 대통령이 되라는 것도 아니다. 우리의 최종적인 목표는 시간적 경제적 자유를 이루는 것이다. 그렇기 때문에 내가 자수성가가 되기 위해서 뚜렷한 목표를 세우고, 매일매일 노력하다 보면 반드시 이룰 수 있을 것이다.

그래서일까? 자수성가 공부방에 들어가면 가장 먼저 과제로 주는 것이 있다. 그것은 바로 인생 목표를 세우는 것이다. 먼저는 노트나 컴퓨터 메모장을 꺼내서 '내가 이루고 싶은 것, 내가 되고 싶은 것, 내가 갖고 싶은 것'을 적는 것이다. 예를 들면 "40세 전까지는 경제적, 시간적 자유를 이루고, 50세에는 세계 30개국을 여행하는 두 아이의 엄마가 된다."라고 명확하게 마감 기한을 정해 수치화 시켜서 작성하는 것이 중요하다.

그리고 이것을 이루기 위해서 '아, 39세에는 적어도 100억 이상은 있어야겠네.'라는 생각이 들 것이고, 그런 다음 2023년, 2024년 2025년 3년 단위로 해야 할 것을 작성하는 것이다.

만약 30세라고 가정을 한다면 '현재 9년이 남았고, 나의 현 재산은 얼마고, 일 년에 적어도 얼마는 벌어야 하겠구나. 2023년에는 어떤 방법으로 해서 10억을 모으고, 2024년에는 어떤 방법으로 15억을 모아야겠다.'처럼 정해질 것이다. 그리고 지금이 2023년이라고 한다면 더 세부적으로 계획을 짜는 것이다. 1월부터 12월까지 달별로 내가 무엇을 이룰 것인지, 무엇을 해야 하는지를 작성하는 것이다. 예를 들면 '1월에는 현재 돈을 굴려서 이런저런 투자를 해서 적어도 1억 이상을 만들어야겠다.'라고 말이다.

이처럼 구체적인 목표를 세우고 재테크를 하는 것은 중요하다. 하지만 실패하는 것 중 하나는 목적이 없기 때문이다. 내가 정한 목적지에 따라 목표를 세운다면 훨씬 수월하게 가겠지만, 목적 없이 목표만 세우려고 한다면 금방 포기하게 될 것이다. 단순히 '5개월 안에는 10kg 빼봐야지.' 하는 것과 '한 달에 적어도 2kg씩은 빼 나가면서 5개월 동안 10kg 빼야지.' 하는 것은 같은 10kg를 목표로 두지만, 결과는 확연히 다를 것이다. 5개월 안에는 빼야지 한다고 하면 심리적으로 사람은 미루게 되어 있다. 하지만 한 달에 2kg씩 뺀다고 한다면 한 주에 0.5kg씩 빼면 되니까 훨씬 수월하게 달성해 나갈 것이다. 어떤가. 다이어트도 그렇고 수치화 시켜서 작게 본다면 달성하기 쉬워 보이지 않는가.

명심해라. 큰 목표를 이루는 것은 달성되는 작은 목표들이 모여서 가능해지는 것이다. 처음부터 최종 도달점만을 목표로 정한다면 분명 포기하게 될 것이다. 작더라도 경제적 자유에 도달하기 위해 조금씩 전진해 나가고 있으니 꾸준히 밀고 나가야 한다. 비록 당장은 보통 사람들과 별반 다름이 없어 보일 순 있어도, 해가 지날수록 비교하지 못할 정도로 벌어지게 될 테니 말이다.

"꿈은 날짜와 함께 적어놓으면 그것은 목표가 되고, 목표를 잘게 나누면 그것은 계획이 되며, 그 계획을 실행에 옮기면 꿈이 실현되는 것이다. 목표를 이루겠다는 각오가 얼마나 단단한지 절박한지 보기 위해 우주는 우리를 시험한다. 조금만 조금만 더 참고 견디면 된다."

– 앤드류 매튜스

5

통장 공개가 가능해야 멘토다

듣는 것도 좋지만, 직접 눈으로 확인하라

세상에는 수많은 강의가 있다. 특히나 금융, 재테크, 부업, 창업 등 돈과 관련된 많은 강의가 있다. 하지만 그중에서도 '3개월 이내 월 천만 원은 만들어주겠다', '월 500은 매달매달 들어오게 해 주겠다' 등등 자극적인 문구에 손가락은 쉴 틈 없이 부지런히 클릭해 나갔다. 그래서 결과는?! 저 말대로 이룬 사람도 분명 존재한다. 하지만 극소수에 불과하다. 강의마다 다르겠지만 평균적으로 100명 중 단지 7~8명 정도다.

지금도 많이 쓰이고 있는 방법이긴 하기만 요즘에는 새로운 방법으로 챌린지를 걸어서 환급해주는 시스템도 많이 볼 수 있다. 그 예시로 3개월 동안 정해진 커리큘럼에 맞춰서 인증을 열심히 했는데도 불구하고 월 500을 벌지 못한다면 전액 환불해 주겠다는 강의도 많이 보았다. 하지만 해 본 사람만이 안다. 그 챌린지가 절대 쉽지 않다는 걸. 강의에 수천만 원을 써본 나로서는 이 말에 전적으로 동의한다. 하루에 8시간 이상 걸려서 겨우 하루치 챌린지를 마감하거나, 밤을 새면서 해 본 적이 많았다. 분명 더도 말고 덜도 말고 퇴근 후 딱 3시간만 투자하면 벌 수 있다고 했는데 말이다. 거기다 챌린지는 가면 갈수록 더 어려워지고 전문가의 도움 없이는 아무것도 할 수 없게 되어서 결국 포기하게 되었다. 열정이 부족해서? 노력이 부족해서? 물론 반은 맞는 말일 수 있다. 하지만 말이 쉽지, 정말 쉽지 않았다.

하지만 자수성가 공부방은 달랐다. 퇴근 후 하루 3시간 투자로 꾸준히 돈을 버셨고, 하루 30분 투자로 돈을 버신 분들도 있었다. 이게 거짓말 같을 수 있겠지만 자수성가 공부방 후기를 보면 사실임이 밝혀진다.

난 이 세상에 멘토는 크게 2가지로 나눠진다고 본다. 장사꾼과 강사.

이 둘은 분명한 차이가 있다. 둘 다 자신이 가지고 있는 정보나 노하우를 통해서 다른 사람들에게 알려주려고 하는 것은 같을 수 있어도 분명 다르다. 우선 강사는 자신이 진정으로 갈고닦은 노하우나 정보들을 알려주지만 장사꾼은 경험 없이 오로지 입담으로만 지식이나 상품을 팔아먹는 것을 말한다. 우리는 분명 잘 구분해야 한다. 강사 속에 파묻혀 있는 장사꾼들을.

여러 강의를 들어봤지만 유튜브에서도 쉽게 볼 수 있는 정보, 책에서도 봤었던 지식 등 자기가 직접 경험하지 않고 다른 사람들에게 알려주기 위한 정보만을 가지고 돈을 벌려는 사람들이 되게 많다. 그렇기에 우리는 속지 않고 분별력을 가지고 선택해야 한다. 강의에 같은 돈을 쓰더라도 이왕이면 나에게 도움이 되는 강의를 들어야 되지 않겠나.

그래서 나는 자수성가 공부방을 택했다. 그 이유는 간단하다. 제자들의 통장을 공개함으로써 실력인증이 가능했기 때문이다. 나는 '지금까지 얼마를 벌게 했다.' 말로는 많이 들었어도 직접 통장을 공개함으로써 가르치는 곳은 여기 자수성가 공부방이 유일했다. 생각해보면 돈 관련 교육에 있어서 자신 있다면 통장 공개 못하는 것이 이상하긴 하다. 하지만 우리나라에서 유일무이 자수성가 공부방뿐이다. 심지어 0원 통장부터 공개한다. 거기에 영상, 통화녹음 모두 되어 있다. 그래도 나는 정말 많이 망설였다. 거의 5개월 동안 들어볼지 말지 고민을 했던 것 같다. '내가 지금까지 들었던 강의들이랑 별반 다르지 않으면 어떡하지? 또 돈을 날리는 거면 어떡하지?'라는 고민거리 때문에 쉽사리 결정하기 힘들었다.

하지만 이 고민은 시간만 늦출 뿐이었다. 5개월 동안 지켜보고 첫 OT

아닌 OT를 하였을 때 나는 바로 하겠다고 하였다. 뭐랄까. 그때 뵙던 이승주 소장님은 내가 생각했던 그런 대표 이미지와는 많이 달랐을 뿐더러 장사꾼 같은 느낌보다는 서툴지만 그 안에 진실된 자신감과 열정이 돋보였기 때문이다.

우리는 살아감에 있어서 멘토는 정말 중요한 존재이다. 어렸을 때부터 우리는 돈만 있다면 비싼 과외비를 들여서 과외쌤을 고용하거나 일타강사라면 마다하지 않고 비싼 학원비를 지불해 보내지 않았는가. 그 이유도 저마다 같을 것이다. 더 많은 지식을 가지고 잘 가르쳐주셔서 좋은 대학이라는 올바른 길을 갈 수 있도록 해주시기 때문이지 않은가. 멘토도 마찬가지다. 멘토를 잘 만나야 시행착오를 줄여줄 수 있다. 우리가 밟아 나가야 하는 길을 미리 밟아본 선배로서 올바른 방향으로 가기 위해 반드시 중요하다. "경험이라는 하나의 가시는 무수한 경고와 맞먹는 가치가 있다."라는 말이 있지 않은가. 시행착오를 아예 겪지 않을 순 없겠지만 시간적으로나 비용적인 측면에서의 시행착오는 분명히 줄여줄 수 있다.

그리고 무엇보다 우리는 나약한 인간이기 때문에 무너지거나 쓰러질 때가 있을 것이다. 그때마다 멘토는 삶을 살아가는 데 자극제가 되기도 하고, 실패와 좌절에 빠져 있을 때 새로운 에너지를 불어 넣고, 끊임없는 열정을 쏟아 낼 수 있도록 도와주기에 분명 필요하다.

나만의 재테크를 부탁해

멘토가 없다면 멘토를 찾는 일부터 하라고 한다. 그 방법은 어렵지 않다. 내가 하려고 하는 분야에서 본받고 싶은 사람, 닮고 싶은 사람을 찾으면 된다. 우리가 흔히 알고 있는 세계 최고의 부자 워런 버핏 회장님께서도 멘토가 계셨다. '현명한 투자자'라는 책을 보면 버핏 회장에게 주식 투자를 시작하게 된 계기를 물어봤을 때 "벤저민 그레이엄의 '현명한 투자자'로 시작했습니다. 그의 조언대로 따라 하면 절대로 틀리지 않을 것입니다."라고 말을 하며 버핏 회장님이 한 일은 단지 벤저민 그레이엄 교수가 하는 말을 적용하는 법을 배우는 것이 전부였다고 말했다. 이처럼 멘토는 정말 중요하다. 만약에 주변에 멘토가 없어도 걱정할 필요는 없다. 버핏 회장님도 처음부터 벤저민 그레이엄 교수님을 직접 만난 것이 아닌 책을 통해 먼저 멘토를 만날 수 있었다.

이처럼 내가 정말로 근로소득으로는 부족하여 자수성가를 꿈꾸고 있다면 단연코 이승주 소장님을 찾는 것이 맞다. 불법이나 다단계로 돈을 버는 것이 아닌 나만의 아이템으로 돈을 벌 수도 있고, 혹시 아이템이 없다면 아이템을 제공해주며, 무자본으로 시작하는 사업도 있기 때문에, 혹시나 여러번 실패해도 망할 일이 없다.

이승주 소장님은 이렇게 되기까지 정말 많은 일을 겪으셨던 분이다. 『내 안의 요술램프를 깨워라』를 보면 알 수 있겠지만 고시원에 살아가며 검은 봉투를 들고 노점이나 클럽에서 물건을 파는 것부터 시작해 산전수전 다 겪은 분이시라는 것을 알 수 있을 것이다.

처음부터 은수저, 금수저로 태어난 것이 아닌 자신의 갈고 닦은 노하우로 자수성가를 이뤄가신 분이시기에 더더욱 믿음이 간다.

짜고 치는 판이라고 생각하는가. 절대. 만약 이 부분에 있어 거짓이 조금이라도 들어가 있다면 천벌을 받을 것을 신께 맹세한다. 거짓이 아니라는 것은 5분 안에 인증이 가능하다.

여기 들어가서 한번 확인해 봐라.

(http://s.noa.sg/_07S5Zw5)

간절하지 않은 사람은 하지 마라

그리고 나도 자수성가 되길 원한다면 교육 상담을 받으면 되지만 단, 간절하지 않은 사람은 그냥 넘어갔으면 좋겠다. 아무리 좋은 걸 알려주더라도 하는 것은 자기 몫이다.

소장님께서는 창업과 부업 등 돈 버는 것에 있어서 어린아이 같은 우리들에게 물고기 잡는 방법을 알려줌으로써 우리가 스스로 성장해 나갈 수 있도록 도와주는 사람이기에 물고기를 잡아먹는 것은 우리 몫이다.

선생님께서 시험에 나올 만한 것을 알려줌으로써 우리가 시험에서 잘 보는 것이 선생님께서 대신 시험을 봐주지 않는 것처럼 말이다. 소장님께서는 힘들고 외로울 때 조언을 구할 멘토가 없다면 혼자 힘들어하지 말고 용기를 내어서 소장님을 찾아오라고 했다. 그렇다면 분명 기회는 생긴다고.

소장님께서는 하루 3시간 투자로 자수성가 부자가 되는 방법을 14년 동안 연구하고, 10년간 창업 경험을 통해 집대성한 노하우를 배울 수 있는 기회를 주신다고 하였다. 하지만 다시 한번 말하지만 진심으로 성공하고 싶은 사람만 신청했으면 좋겠다. 세상에 공짜는 없고 노하우보다 중요한 것이 바로 그 노하우를 만들어낸 사람이라고 한다. 이승주 소장님께서 지금까지 겪어왔던 경험을 배웠다고 해서 그 누가 따라 할 수 있겠는가.

세상에 많은 이미테이션이 있겠지만 이미테이션은 이미테이션일 뿐이다. 아무리 정품과 비슷하다고 하더라도 그 정품을 만든 사람은 바로 알아보는 법이다. 어떻게 보면 통장 공개까지 하면서 가르치는 곳은 자수성가 공부방이 유일무이한데 그 누가 여기를 이미테이션이라고 감히 말할 수 있을까.

노만 코지슨은 이렇게 말했다. "최고의 스승은 지식이 뛰어난 사람이 아니다. 자신이 배울 수 있는 능력을 가지고 있다는 사실을 학생들 스스로 믿게 하는 자이다."라고 말했다.

나는 내가 배울 수 있는 능력을 가지고 있다고 믿기 때문에 이승주 소장님을 감히 최고의 스승이자 멘토라고 말할 수 있다.

정말 자수성가가 되고 싶고, 부를 축적해 나가고 싶다면 아래의 QR을 통해 창업 설명회부터 받아보아라. 모두 되는 것이 아닌 정말 필요한 사람만이 도와준다고 하니 간절하지 않으면 뒤로 가기 버튼을 눌러라.

(http://s.noa.sg/0acrvymX)

6

시간이 전혀 들지 않는 자동화 재테크

시간이 전혀 들지 않으면서

직접 창업한 것 이상의 효과를 기대할 수 있는 재테크

우리가 흔히 알고 있는 재테크 중에서 시간 들이지 않고 할 수 있는 재테크가 있을까? 과연 직장을 다니며 운영이나 관리 없이 사업체를 운영할 수 있는 재테크는 몇이나 될까? 시간이 전혀 들지 않으면서 내가 직접 창업한 것 이상의 효과를 낼 수 있는 것은, 단언컨대 이승주식 자동화 재테크뿐이라고 자신 있게 말할 수 있다. 대출이든 뭐든 1억만 동원 가능하다면 창업을 통해 매달 정기적인 파이프라인을 구축해 나갈 수 있다.

직장을 다니든 다니지 않든, 사업을 하고 있든 안 하고 있든 다 가능하다. 나의 시간이 전혀 들어가지 않기 때문에 나의 본업을 꾸준히 유지하면서 해 나갈 수 있는 것이다.

보통 창업이라고 하면, 임대료도 부담되고, 수익률도 장담할 수 없는 부분이 크다 보니 쉽게 도전하지 못하고 마음속으로만 품고 있는 사람들이 많을 것이다. 특히나 코로나19 이후에 많은 사업장이 견디지 못하고 문을 닫고 있는 상황 속에서 도전한다는 것은 쉽지 않다. 하지만 이승주식 재테크 자동화는 다르다.

창업하려면 다른 건 몰라도 임대료만큼은 부담이 큰 것이 사실이다. 이 부담감을 알기 때문에 1억 창업은 오프라인 매장 및 2년간의 임대료를 지원해준다. 솔직히 1억이라고 한다면 2년간 임대료보다 더 적은 금액이다. 하지만 거기에 창업 아이템이랑 책상 의자와 같은 필요한 집기를 지원해주고, 기본적인 인테리어와 현판도 지원해준다면 실상 내가 준비하는 것은 하나도 없는 것이다. 그리고 창업하는 것에 있어서 지출하는 금액 중 가장 큰 비율을 차지하는 것은 바로 '인건비'이다. 장사가 잘되든 안 되든, 일한 만큼의 수당을 챙겨줘야 하기 때문에 사업자 입장에서는 부담이 될 수밖에 없다.

우리는 재테크 자동화가 분명 필요하다

하지만 1억 창업은 다르다. 일해주는 관리자 역시 자수성가 공부방에서 지원을 해주기 때문에 따로 월급을 주는 부분도 없다.

최저시급 기준으로 계산을 해보더라도, 한 달에 200만 원씩 2년을 한다고 해도 4,800만 원 이상이 들지만, 이거 역시 1억에 포함되어 있는 것이다. 1억 외에 신경을 써야 하는 부분이 있다면, 매월 지출되는 고정비 전기세나 수도세만 내면 되는 것이다.

여기까지만 들어도 이득이지만, 가장 큰 메리트는 사업 리스크가 0%라는 것이다. 보통 창업하려면 비용은 이보다 더 많이 들어가지만, 수익률 부분에 있어서 자신 있게 "저희는 마이너스 안 봐요. 제가 있는데 당연히 수익이 날 수밖에 없죠."라고 말하는 사람은 없을 것이다.

그럴 수밖에 없다. 우리는 코로나19가 2019년부터 지금까지 계속해서 이어질 거라고 생각조차 하지 못했던 것처럼 말이다. 그만큼 수익률 부분에 대해서는 자신 있게 말하는 게 힘들지만, 이승주식 재테크 자동화 방법은 다르다.

정확히 다루고 싶지만, 소장님께서 모두가 알아내기를 원치 않으시기 때문에 책에서는 자세히 다룰 수가 없다. 혹시라도 마음에 있다고 한다면 자수성가 공부방을 통해서 상담을 받아보는 것을 추천한다.

절대 흔히 알고 있는 카페나 식당 같은 일반적인 업종이라면 이렇게까지 말하지 않을 것이다. 모두가 알다시피 카페나 식당은 포화 상태이다. 그렇기에 경제력이 있는 상품이 없다면 쉽지는 않을 것이다. 그렇다면 '이상한 거 아니야?' 생각이 들 수 있다. 하지만 불법적인 요소나 다단계를 위한다고 하면 감히 이렇게까지 자신 있게 말할 순 없을 것이다.

이것을 만드신 이승주 소장님께서는 15년간 자수성가 부자가 되기 위해 연구하고 개발하고 실전에서 다듬어 집대성하신 분이다. 그리고 자수성가 공부방을 통해 많은 수상을 하셨다.

이승주
李承注 · 작가

[전체] [프로필] [최근영상] [도서]

프로필   →

수상   2022년 대한민국 최고 경영자 대상 (한국부자연구소)
       2022년 한국소비자만족지수 1위 교육 창업경영컨설팅부문 (자수성가 공부방)
       2022년 소비자만족 브랜드 대상 경영컨설팅부문 1위 (자수성가 공부방)
       2022년 한국브랜드만족지수 1위 창업교육 부문 (자수성가공부방)

경력   2018.02~2022.10 이승주 자수성가 공부방 대표

사이트 공식홈페이지, 유튜브, 트위터

작품   도서 3건

본인 또는 대리인이 직접 관리하는 정보입니다.
본인참여 2023.03.21. ⓘ

자수성가 공부방 교육 후기만 보더라도, 0원짜리 통장을 까면서 월 1,000만 원 이상 수익화시킨 제자들을 수도 없이 배출해 내신 분이다. 우리가 월 1,000만 원 이상 수익화를 시킨 사람을 떠올린다고 한다면, 주언규(구 신사임당)님께서 친구인 창업다마고치 님을 온라인 스마트스토어를 통해서 벌게 했다는 것을 알고 있을 것이다. 어떻게 보면 주언규(구 신사임당)님은 딱 한 명을 배출해 내었다. 그것도 친한 친구를 말이다.

하지만 이승주 소장님은 다르시다. 단지 돈 벌고 싶지만, 방법을 몰라 헤매는 20~70대의 다양한 사람들이 수익을 낼 수 있도록 도왔다. 그런 분이기에 일면식도 없었던 나도 믿고 시작하게 되었고, 끝까지 믿어보려고 한다.

그렇기에 당신도 재테크 자동화를 통해 자수성가 부자가 되고 싶거나 아니면 회사를 다니며 또 다른 파이프라인을 구축하고 싶다면 언제든지 환영이다. 지금 어딜 가더라도 1억으로 할 수 있는 사업은 많지 않을 것이고, 제로 리스크는 더더욱 없을 것이다.

가족들과 보내는 시간도 부족한데 내 노후를 위해 시간을 내어서 재테크를 한다는 것은 정말 쉽지 않은 도전일 것이다. 그래서 우리는 재테크 자동화가 분명 필요하다. 우리의 시간은 정해져 있고, 우리의 체력 역시 영원하진 못하다.

검증되지도 않은 말에 홀려 마이너스를 보지 말고, 이승주식 재테크 자동화를 통해 부를 축적해 나갔으면 좋겠다. 특히나 광고에 꽂혀서 돈 버는 강의를 클릭하고 있지만, 아무 수익도 못 돈 당신이라면 더더욱 재테크 자동화가 필요한 사람이다. 한 강의로 월 500만 원, 월 1,000만 원 이상씩 수익을 내는 상황이라면, 과연 다른 강의가 눈에 들어왔을까?

강의를 듣고 수익을 창출해 내지 못하니까 어쩔 수 없이 다른 돈 버는 강의를 듣고, 그러면서 인증되지도 않은 전문의의 말을 듣고 사기와 피해를 당하는 것이다. 이처럼 돌고 돌아 원점으로 돌아간 사람이라면, 더더욱 재테크 자동화가 필요하다.

그리고 모든 에너지를 직장에서 쏟는 직장인에게도 너무나도 필요하다. 부동산 수업을 듣겠다고 평일에는 직장에서 주말에는 임장을 다니며 살아간다면 도대체 언제 쉬면서 삶을 즐길 수 있겠는가. 평생을 공부하고 일하고 비위 맞추며 살아가기엔 인생이 너무 아깝지 않은가?

우리의 시간은 너무나도 소중하다. 그래서 그 소중한 시간에는 조금 더 가치 있게 보내야 하지 않겠나. 돈보다 더 중요한 것은 가족이고, 가정이다. 하지만 그 가족을 지키기 위해 행복하기 위해 필요한 것은 '돈'이다. 돈이 없으면 소중한 사람들과 함께 시간을 보내고 싶어도 보낼 수가 없다. 맛있는 밥을 먹으러 갈 때도, 좋은 숙소를 구할 때도, 이 역시 돈이 필요하다. 그리고 무엇보다 일 년에 한 번씩 오는 부모님 생신 때도 가지고 싶은 선물을 여쭤보면, 항상 '돈'이라고 외치신다. 자본주의 사회에서 어쩔 수 없는 거 아닐까?

우리가 하기 싫은 일을 하면서 적은 월급을 받음에도 감사할 수밖에 없는 건, 돈이 없다면 의식주 생활이 아예 안 되기 때문이다. 적어도 먹고, 자고, 쉴 공간은 마련이 되어야지 살아갈 수 있으니 말이다.

이제는 더 이상 힘들어하지 말고 소중한 사람과의 시간을 챙기며 재테크 자동화를 통해서 돈을 불려 나가자.

7

공부해봐도 재테크 자동화가 답이다

일반적인 재테크에는 여러 가지가 있다

일전에도 말했다시피 재테크에는 주식, 펀드, 채권, 부동산, 적금, 달러 투자 등등 여러 가지가 있다. 이 중에서 한 가지도 안 해본 사람은 없을 것이다. 하지만 결과는 어떤가.

물론 주식으로 수익을 보신 분도 있을 것이고, 부동산으로도 수익을 보신 분들도 많을 것이다. 직접 공부해서 혹은 운이 좋아서 수익을 낸다는 것만으로도 정말 대단한 것이다.

하지만 말하고 싶은 것은 일회성이 아닌 지속성을 말하고 싶다. 한 번의 수익으로 끝나는 것이 아닌 장기적으로 수익을 낼 수 있는 재테크 말이다.

주식부터 살펴볼까? 주식은 하루에 변동 폭이 최대 60%이다. 그만큼 변동 폭이 크다 보니까 위험성도 높고, 가격도 한순간에 바뀌다 보니 하루 종일 주식 창만 들여다볼 수밖에 없다. 일에는 집중도 안 되고, 주식이 오르면 그날 기분은 좋고! 주식이 떨어지면 그날 기분은 안 좋고! 주가 변동이 심하니 일보다 주식에 집중하게 되는 주식의 노예가 된다. 아쉽게도 그게 바로 나였다. 친구가 30분 만에 10만 원을 따는 모습을 보고 '나도 저렇게만 한다면 부자 되겠는데.'라는 생각으로 국내 주식과 해외 주식 여러 개를 샀지만, 해외 주식 몇 개를 제외하고는 현재 다 파란불이다. 물론 오를 때 매도하면 되겠지만 사람 욕심이 조금만 지나면 더 오를 것 같다는 생각 때문에 쉽지 않다.(이제는 쳐다도 안 본다)

물론 그 기업에 상장 가치를 제대로 이해하고, 장기적으로 볼 수 있는 항목이라면 마다하진 않는다. 하지만 주식은 패가망신의 지름길이라는 말은 괜히 나온 말은 아닐 것이다.

그리고 펀드. 어렸을 때부터 부모님께서 은행권 펀드를 넣어주셔서 성인이 된 이후에도 이어서 지금까지 넣고 있는 펀드 하나가 있다. 정확히 2015년 5월 18일에 넣었던 펀드지만, 2023년 3월 기준 투자 수익률은 9%이다. 마이너스를 볼 때도 있었고, 20% 이상의 수익률을 볼 때도 있었지만 현재가 중요하지 않겠나. 거의 8년을 넣었는데 투자 수익률이 9%면 굉장한 손해가 아닐까 싶다.

그리고 세 번째 예적금. 이제 은행은 재테크보단 금고 느낌이 강하다. 하지만 안타깝게도 안전성도 떨어지는 금고가 되었다. 미국 은행 순위 16위 규모인 실리콘밸리은행(SVB)이 2023년 3월 10일 날짜로 파산했다는 뉴스를 봤을 것이다. 미국에 있는 수많은 은행 중 그저 그런 은행 하나가 파산된 것이 아닌 큰 규모의 대형 은행이 파산되었다. 미국이니까 국내에 영향이 없다고? 전혀 아니다. 우리가 내는 국민연금이 SVB 금융그룹에 300억 원 보유 중이지만, SVB가 파산하면서 전체 투자금 회수가 가능할지도 불투명한 상황이다.

그리고 예적금 금리가 물가상승률을 따라오지 못하는 상황이기 때문에, 오히려 손해라는 것은 누구이 말해 잘 알고 있을 것이다. 그래도 정하길 원한다면, 예금자보호법에서 보호하는 금액 5천만 원 한도 내에서 7~10%의 특판상품이 나왔을 때 한다면 손해는 보지 않을 것이다.

그리고 마지막 부동산이다. 여유 자금이 있다면 가장 일반적인 투자 방법은 단언하건대 부동산이 가장 좋은 방법이라는 데 동의한다. 내가 아는 사람만 하더라도 상가 빌딩 2개로 월 700만 원 이상은 받으며 하고 싶은 거 하면서 시간을 쓰고 있으니 말이다. 하지만 현재는 금리가 인상되면서 부동산 시장 역시 침체의 늪에서 허덕이는 중이다. 그러다 보니 매매와 갭투자에서 중요한 전세가율(아파트 매매가 대비 전세가격의 비율)이 하락 중이다. 만약 매매가격이 10억이라고 할 때, 전세가격이 8억이라고 하면 전세가율은 80%다. 하지만 현재는 매매가격도 하락했지만, 전세가격은 더 하락하고 있는 시점이다. 물론 세입자 입장에서는 좋을 수 있겠지만, 투자 입장에서는 현재는 때가 아니라고 말하고 싶다.

재테크에는 전문가가 필요하다

이처럼 나는 재테크를 이것저것 많이 해보았다. 나는 재테크에 대해 제대로 공부해 본 적이 없는 사람이기에 수익보단 손해를 더 많이 봤다. 그러면서 많은 것을 깨달았다.

재테크에는 전문가가 필요하다는 것을 말이다. 솔직히 현재 돈이 아무리 많아도 투자를 통해 지금의 가치를 미래까지 보전하는 방법을 모른다면 그 돈의 가치는 떨어져도 이상하지 않다. 내가 가지고 있는 돈의 크기도 물론 중요하지만, 그것보다 더 중요한 것은 돈을 관리하는 능력이니 말이다.

그래서 나는 돌고 돌아 자수성가 공부방을 선택하게 되었다. 나뿐만 아니라 여러 재테크를 알아본 사람들은 알 것이다. 이승주식 재테크 자동화만 한 것이 없다는 것을 말이다.

한때 무자본 창업을 해보려고 정말 많은 것을 알아보았다. 코로나19가 지속되면서 온라인 플랫폼으로 클래스101, 클래스 U, 패스트캠퍼스 등등 재테크나 부업 등 관련 강의들이 정말 많이 나와 있었다. 그렇게 계속 찾아보다가 평이 좋고 수강생이 많았던 해외 구매대행 강의를 신청했다. 그리고 세무서를 찾아가 사업자 등록증도 만들어보고, 통신판매업 신고도 하며 강의를 들으며 하나하나 시도해 보았다. 하지만 결과는 어땠을까?

해외에서 시키는 것이기 때문에, 배송대행지부터 배송일자 맞추는 거까지 쉬운 일이 하나도 없었다.(직장에서 일만 한터라 사업자 등록증 내는 것만으로도, 자랑스러웠던 나는 동네방네 소문 내고 다녔는데 말이다.)

그렇게 나는 자신감도 많이 떨어지고, '재테크=어려운 것'이라고 머릿속에 박혀 있었다. 그러다가 우연한 기회로 자수성가 공부방을 알게 되었다. 하지만 데인 적이 많았던 나로서는 의심병이 많아서 다 믿을 수가 없었다. 그래서 처음에는 매주 토요일마다 열리는 무료 강의를 들었다. 한 번, 두 번, 세 번 그러면서 내가 기존에 알고 있었던 재테크 방법과는 전혀 다르다는 것을 알게 되었다.

재테크도 근로소득처럼 많은 시간을 투자해야 많은 수익을 낼 수 있을 거라고 생각했지만, 내 예상과는 전혀 달랐다. 생각지도 못했던 방법으로 돈을 벌고 계신 분이셨다. 자수성가 부자가 되기 위해 쇼핑몰, 창업, 사업 등등 안 해본 것이 없으신 분이시기도 하시고, 나에게 맞는 방향으로 알려주시는 분이셨다.

돈이 없으면 부업을 통해 돈 버는 방법을 알려주시고, 한때 쇼핑몰을 해봤지만, 잘되지 않았으면 잘 될 수 있도록 도와주시고, 여유 자금이 있다면, 오프라인 매장에 창업 아이템까지 제공해 주며 내 시간 없이 나 대신 창업을 해주는 방법까지 알려주니 말이다.

요즘에는 1인 창업을 하고 싶어도 금액적인 부분이나 방법을 몰라 못하는 경우가 많은데, 1억만 투자한다면 시간 투자 없이 위탁 창업 방법까지 알려주니 정말 대단하다는 말밖에 나오지 않았다.

돈도 인맥도, 학력도, 아무것도 없이 밑바닥부터 시작해 억대 연봉까지 오르신 분이시니 더욱더 믿음이 가지 않은가? 혹시 안 가도 괜찮다. 자수성가 공부방에 들어가 보면 교육 후기는 다양하니 말이다. 기존에 가지고 있는 통장으로 인증하는 것이 아닌, 0원짜리 통장 인증을 한 후에 오로지 소장님만의 재테크 방법으로 돈을 번 것만이 공개된 것이 교육 후기이다.

20대부터 70대까지 언젠가는 해야 하는 것이 재테크고, 이미 많은 이들은 벌써 준비하고 있다. 방법을 모르는 것은 잘못이 아니다. 몰랐기 때문에 배우면 되는 것이다.

다만 어제와 같은 오늘을 살아간다면, 내일 역시 오늘과 같을 것이고 5년, 10년 후도 변화된 것은 없을 것이다.

우리가 인생을 변화하고 싶다면 근로소득만이 아닌 재테크 자동화를 통해 시간적 경제적 자유를 이뤄야 한다. 가능하다면 한 살이라도 어릴 때 말이다. 그리고 나의 10년 20년 후 지금을 회상해 보았을 때, '잘 살아왔구나.' 하며 후회하지 않는 삶을 살았으면 좋겠다. 우리는 아직 젊다. 아직 이루지 못한 꿈도 있고, 하고 싶은 것도 갖고 싶은 것도 많은 순수한 소년 소녀의 모습 아닌가. 시간이 없어서, 돈이 없어서라는 말이 절대 핑계가 되지 않았으면 좋겠다. 이에 『파이어족의 재테크』에서 나왔던 '95살 할머니의 일기' 부분을 같이 봤으면 좋겠다.

"나는 지금 95세지만 건강합니다. 앞으로 10년이나 20년을 더 살지도 모릅니다. 그래서 지금부터 나는 내가 하고 싶었던 어학 공부를 시작하려고 합니다. 10년 후에 지금을 후회하지 않기 위해서죠."

8

직장 다니면서 재테크하라

'지긋지긋한 직장, 언제까지 다녀야 할까?'

혹시 현재 이런 회의감이 들진 않은가? 만약 그렇다면 지금 하는 일이 재미있지도, 보람되지도 않는다는 증거다. 그래서 우리는 한번 계산해본다. 내가 지금 나가는 고정 지출은 얼마고, 얼마의 자산을 가지고 있고, 얼마가 필요한지. 그리고 깨닫는다.

'평생 일을 그만두긴 힘들겠구나.'

그 이후부터는 계산과 계획은 사치라고 생각하며 아무것도 하지 않는다. 틀린 말도 아니다. 일반적인 월급쟁이가 생활비를 쓰고 남은 돈으로 은퇴자금을 모은다는 것은, 거의 불가능에 가깝기 때문이다.

우리나라 국민 중 대부분은 '일을 그만두고 싶다.'라고 하루에 수십 번씩 생각한다고 한다. 오죽하면 직장인들은 재킷 안주머니에 매일 사직서를 품고 출근한다는 말까지 나오겠는가. 그렇지만 그들이 그만두지 못하는 가장 큰 이유는 역시나 '돈' 때문이다.

직장인들에게는 매달 안정적으로 들어오는 '월급'이 있다. 물론 열심히 일해서 받을 수 있는 급여에 한계가 있을 수는 있지만, 자영업자처럼 코로나19와 같은 팬데믹의 영향은 받지 않을 뿐더러 정기적으로 수입이 들어오니 말이다. 하지만 의문이 있다.

"과연 월급만으로 평생을 살아갈 수 있을까?"

의학 기술의 발달로 점점 인간의 수명은 높아지고 있다. 이제는 100세 시대를 넘어 120세 시대라는 말까지 나오니 말이다. 예전에는 환갑이라고 하면 거창하게 행사가 치러졌지만, 현재는 간략하게 밥 먹고 끝내는 경우도 많다. 그만큼 기대수명이 높아진 영향이 크다. 하지만 문제는 법정 정년은 60세이다. 만약 현재 40세라고 가정을 한다면, 앞으로 20년간 직장생활을 해서, 약 100세까지 먹고 살 만한 돈을 마련해야 한다.

과연 직장인 월급으로 100세까지 살아갈 수 있을까? 모든 돈을 저축해도 모자랄 판에, 생활비나 고정비까지 충당하고 남는 돈으로 향후 돈을 대비할 수 있을까?

한 달에 300만 원씩 20년을 저축한다고 가정해 보더라도, 300×12개월$\times 20$년$= 7$억 2천만 원이다. 그렇다면 그 돈으로 60년을 산다고 했을 때, 7억 2천만 원$\div 60$년$\div 12$개월$= 100$만 원이다. 생활비에 고정비에 육아에 드는 비용에 학원비까지 다 고려하면서 300만 원씩 저축한다고 해도 퇴직 이후 100만 원 안팎으로 살아야 하는 것이 현실이다. 물론 직장에서 전문가가 되어 몸값을 높이거나, 임원으로 승진하면 훨씬 낫겠지만, 그 가능성은 2~3% 정도밖에 되지 않을 것이다.

그렇기에 직장을 다니면서 재테크를 하는 것은 굉장히 중요하다. 그냥 아무 생각 없이 직장을 다니면서 월급에만 만족하면서 살다 보면 아차 하는 순간에 직장에서 퇴직하는 순간이 올 것이다.

매달 나오는 월급을 받다 보면 평생 이렇게 월급이 나올 것 같다는 착각을 하며 살아가게 된다. 더군다나 시간이 흐르면서 승진과 함께 급여도 올라가기 때문에.

하지만 월급에만 만족하고 재테크를 하지 않으면 점점 더 뒤처지게 되어 있다. 강산도 변한다는 10년이면 재테크를 하는 사람과 하지 않은 사람의 차이는 어마하게 벌어지게 되어 있다. 어떻게 투자하든 결국 돈을 버는 자가 승자다.

변화하고 있는 시대 속에 나도 변화되어야 한다

약 10년 전까지만 하더라도, 서점의 베스트셀러는 영어 공부, 자격증, 자기 계발 서적들로 가득 찼었다. 하지만 지금은 어떤가? 부동산, 주식, 코인, 투자 등등 재테크 관련 서적이 대다수이다. 이렇게 시대의 흐름이 변화하게 된 이유는 무엇일까?

크게 2가지로 볼 수 있다. 첫 번째는 노동의 가치가 하락하고 있다. 급등하는 인플레이션으로 인해 실물 자산의 가치가 크게 상승하면서, 노동으로 벌어들이는 소득의 가치는 상대적으로 떨어지고 있다.

예를 들면, 10년 전 서울 아파트의 평균 매매가는 약 3억 원이라고 가정할 때, 연봉 5천만 원 직장인이 월급을 한 푼도 쓰지 않고 저축한다면, 대출 없이 내 집 마련까지 6년이 걸렸다. 하지만 2022년 서울 아파트 평균 매매가는 약 10억 원에 이른다. 대출 없이 월급을 모아 내 집 마련을 하기까지 10년이 걸린다. 여기에 대출 규제나 세금을 고려한다면 훨씬 더 오랜 시간이 걸릴 것이다. 그렇기에 인플레이션을 방어하기 위해 재테크는 필요하다.

그리고 직장인이 할 수 있는 가장 큰 착각은 '월급은 영원할 것'이라는 믿음이다. 현재 경제활동을 통한 현금 흐름이 활발하게 일어난다고 해도, 10년, 20년 뒤 경제적 뒷받침을 보장하지 못한다.

특히, 직장인은 사업가와 달리 월 소득이 한정적이다. 현재의 신분을 유지한다면, 내가 향후 10년, 20년간 모을 수 있는 돈이 정해져 있다는 뜻이다. 따라서 저축만으로는 절대 노후 대비를 할 수가 없다.

부모님들께서 하시는 말씀이 "뭐가 되어도 은행 예적금이 최고."라고 하지만, 이것은 이제 옛날 말이다. 예전에는 예적금 이자가 10% 내외인 경우가 많았다. 하지만 지금은 어떤가? 대략 3~4% 정도 되고, 그 금리보다 더 빠르게 치솟는 것이 물가상승률이다.

짜장면이 한 그릇에 500원, 대기업 직원의 월급이 20만 원인 시절도 있었다. 하지만 그때의 500원과 지금의 500원은 표면상 같지만, 경제적 가치는 완전히 다르다. 지금 500원으로 살 수 있는 것을 떠올려봐라. 흔히 말하는 '껌값'도 안되는 돈이다.

그리고 은퇴하고 나면 국민연금이 나를 지켜줄 것만 같았지만, 작년 최대 손실을 기록했다. 한국경제연구원에 따르면, 2022년 국민연금의 투자 수익률은 1988년 제도 도입 후 역대 최대 규모 79조 6,000억 원에 손실을 불러들였고, 국민연금 기금은 오는 2055년, 건강보험 적립금은 오는 2028년 고갈될 것이라고 말했다.

어떤가. 최대 손실을 기록하고 있는 이 시점에서 과연 지켜줄 수 있을까? 절대 아니다. 확실하게 보장된 것은 없다. 그 누구도 삶을 대신 책임져주지 않으니, 우리 스스로 삶을 개척하고 노후를 준비해 나가야 한다.

우리는 직장을 다니면서 재테크를 통한
또 다른 파이프라인을 만들어야 한다

매달 정해진 날에 들어오는 월급이라는 달콤함이 있지만, 불경기나 경영진 교체 등등 통제할 수 없는 다양한 사건이 생길 수 있다. 그러면서 예상치 못한 격변에 휘말릴 수도 있기에 직장에만 의존하는 것이 아닌 재테크로 부를 축적해 나가야 한다.

그리고 이승주 소장님께서 항상 강조하시는 말씀이 있다. 재테크를 통해 수익이 난다고 하더라도 월 1,000만 원 수입도 되지 않는 상태에서 전업으로 재테크를 하는 것은 무모하다고 말이다.

재테크 역시 월급처럼 매달 들어오면 좋겠지만, 그렇지 않다. 내가 얼마나 많은 시간을 투자하고, 얼마나 많은 금액을 들였느냐에 따라 갈리는 것이 투자 수익률이다. 하지만 항상 시간과 금액에 비례하는 것이 아니기 때문에 재테크 자동화로 먼저 월 소득 1,000만 원을 만들 때까지는 직장을 다니면서 재테크를 해야 한다.

지금은 직장을 다니면서 재테크를 하는 것이 힘들고 지칠지라도, 20대든 40대든 60대든 언젠가는 반드시 시작해야 한다. 하지만 어차피 돈을 벌기 위해 싫은 일도 해야 하는 것이라면, 일하는 기간을 최소한으로 줄이는 것이 맞지 않을까? 하기 싫은 일로 힘들게 번 돈을 가치 없는 소비에 낭비할 여유 따윈 없다.

한번 떠나면 다시 돌아오지 않는 것도, 부자와 가난한 사람 모두에게 공평하게 주어지는 것도 바로 시간이다. 막연히 꿈꾸던 진짜 은퇴의 환상을 현실로 만들어낼 수 있는 것도 시간에 투자한 결과이다.

우리가 만약 직장을 다니며 시간이 없다고, 힘들다고 흘러가는 대로 살아가면 절대 아무것도 변화되지 않는다. 아파트는 몇 억씩 오르고 미국 시가 총액 상위권 기업들은 매년 15% 주가가 오르는 동안 제자리걸음을 한다면 계속 그 자리일 것이다.

아무리 100세 시대, 120세 시대라고 해도 우리 몸은 20대의 파릇파릇한 청춘과 같을 순 없다. 그렇기에 현재는 힘들지라도, 재테크로 월 1,000만 원 이상을 버는 그날까지 직장을 다니며 재테크를 해야 한다.

5장

삶이 힘들수록
재테크 자동화가
답이다

1

재테크 자동화, 제2의 월급

이제는 알 것이다

회사는 내 인생을 책임져주지 않는다

월급만으로는 절대 경제적 자유를 얻지 못한다는 것을 말이다. 월급을 차곡차곡 모아 결혼하고, 집 사고, 인생을 역전하는 시대는 이제 지나갔다. 이제는 작고 소중한 월급을 주는 직장에 영혼까지 갈아 넣으며 충성하기보다는 부수입원을 또 만들어야 한다는 것을 말이다.

자 그렇다고 하면 월급 외에 부수입원을 만들기 위해서는 2가지 방법이 있다. 근로소득을 늘리든가, 아니면 부업이나 창업하는 방법이 있다. 만약 근로소득을 늘리기 위해서는, 지금 다니고 있는 직장에서 연봉을 높이거나 아니면 직장이 아닌 또 다른 일을 하면 된다.

자, 그렇다면 첫 번째 직장에서 연봉을 높이는 방법부터 보자. 보통 프로젝트에서 큰 업무를 보거나 승진했을 때, 혹은 연봉이 더 높은 직장으로 이직하게 된다면 가능하다. 하지만 현실적으로 봤을 때 쉽진 않을 일이다. 승진도 이직도 말이다.

그렇다면 두 번째 또 다른 일을 하는 것이다. 자, 그렇다면 이거 역시 2개로 나눠진다. 직접 몸으로 때워 돈을 버는 배달업이나 대리 기사가 있다. 일한 만큼 수당이 지급되는 것은 좋을 수 있다. 하지만 문제는 몸이 상할 수밖에 없다. 그리고 저녁 늦게까지 하게 된다면 다니는 직장에도 고스란히 피해를 받을 수밖에 없다. 그렇다면 부업이나 창업 중 부업부터 보자면, 많이들 하는 블로그, 유튜브, 전자책, 앱테크 등 있다. 자 이런 것들은 어떤가. 해본 사람은 알 수 있지만, 몸이 고생하는 거 없이 손가락만 바삐 잘 움직인다면 가능한 돈벌이 중 하나이다. 하지만 문제는, 흔히 알고 있는 부업으로 돈을 잘 버는 사람은 극소수이다. 그리고 시간을 할애한 만큼의 수익이 뒷받침하지 않기 때문에 중도 포기할 가능성이 클 수밖에 없다.

자, 그렇다면 창업이다. 세상에는 정말 많은 창업이 있다. 요식업, 카페, 무인 창업, 1인 창업, 온라인 창업 등 말이다. 이제는 말하지 않아도 알겠지 않은가. 우리가 흔히 길가면서 보이는 점포들은 우리가 생각하는 그 이상의 초기자금이 들 수밖에 없다. 하지만 거기에 100% 잘 된다는 보장이 없기에 창업하고 싶어도 괜한 마이너스가 날까 두려워 엄두 내기가 어려운 건 사실이다. 자 그렇다면 온라인 창업을 살펴보면, 온라인 쇼핑몰, 구매대행 등 있다. 하지만 결과는? 이 역시 쉽지 않다. 사업자 등록증을 내서 본격적으로 시작을 하려고 해도, 네이버 쇼핑을 보면 알 수 있듯이, 처음에는 광고를 뿌린 사람, 그다음에는 구매율이나 리뷰가 많은 것이 올 수밖에 없다. 그렇다면 처음에 시작했던 사람들은 계속해서 돈을 벌겠지만, 이제 막 시작한 사람들은 돈을 벌고 싶어도 새로 창조해낸 아이템이 아니라면 뒤처질 수밖에 없다. 그렇다고 1위 하는 아이템보다 1,000원 인하해서 판매하기엔 1위 판매처 에게도, 나의 수익적인 부분에서도 좋을 수가 없다. 그렇기 때문에, 근로소득을 늘리는 것도, 우리가 일반적으로 알고 있는 부업이나 창업으로도 제2의 월급을 만들기엔 어려울 수밖에 없는 것이다. 그래서 우리는 근로소득처럼 리스크는 없고, 부업이나 창업처럼 몸은 편안할 수 있는 재테크 자동화를 통해 제2의 월급을 받아야 한다.

누누이 말하지만 우리는 절대 근로소득만으로는 부자가 될 수도, 경제적 자유를 얻을 수도 없다. 재테크는 건물주나 금수저로 태어나지 않은 이상 반드시 해야 하는 숙제 중 하나이다.

정보의 홍수 속에서 확신이 드는 멘토를 찾아라

하지만 많은 경험을 해본 사람은 알 테지만, 요즘에는 정보 홍수 시대라고 할 정도로, 유튜브, 네이버, 강의 등 너무나도 많은 곳에 정보가 뿌려져 있다 보니까 많은 이들이 따라 하게 되면서 금방 레드오션으로 바뀔 수밖에 없다. 분명 유튜브 섬네일이나 네이버 강의 제목을 보게 되면 거의 확신에 찬 목소리로 '월 500만 원 보장', '3개월 안에 500만 원 이상 못 벌면 환불'이라는 말로 정말 혹하게 만든다. 하지만 조건이 있다. '하라고 하는 숙제를 잘 마쳤음에도 불구하고'라는 말이다. 강의하는 대부분은 말만 잘하는 영업자이거나 아니면 초창기 멤버로 자신이 많이 벌어봤기 때문에, 충분히 정보가 알려지더라도 자기가 먹고사는 데는 전혀 지장이 없을뿐더러 강의료로 그 이상을 벌기 때문에 남는 장사일 수밖에 없다.

하지만 그 사실을 알 리가 있나. 돈이 갈급한 나를 위한 강의라고 생각하지만, 결국 돈만 쓰게 되는 소비자라는 것을 말이다.

누차 강조하지만, 그 무엇이 되었든 수익을 보장한다는 말에 이끌려가면 안 된다.

솔직히 생각을 해보아라. 아무리 좋은 걸 가르치고 알려줘도 하는 사람의 개인차, 노력, 의지, 성실도, 끈기에 따라 결과치는 천차만별일 수밖에 없다. 그렇다면 당연히 보장해 준다는 건 의심해 봐야 한다.

그 사람이 정말로 믿을 만한지, 가르쳤던 제자들이 정말 수익을 낸 게 맞는지 말이다. 말했듯이, 세상에는 직접 경험해 보지 않고도 말만 잘해서 영업하는 사람들이 상당히 많다. 말 그대로 정보 홍수 시대에 하는 요령과 방법만 공부하면 그 누구라도 가르칠 수 있는 강사가 될 수 있으니 말이다.

그래서 재테크를 하기 위해 주의할 점은 첫 번째, 뭐가 되었든 혼자 하는 것보다 멘토를 찾아가서 배우는 게 좋다. 하지만 그 사람이 정말 검증된 사람인지, 그 업무에 있어서 얼마나 일해왔으며, 얼마나 많은 시행착오를 겪었는지 확인을 해야 한다.

두 번째, 그 멘토의 말을 듣고 수익창출자를 얼마나 배출해 냈는지 단, 아는 지인이 아닌 정말 생면부지의 사람인지 확인해야 한다.

세 번째, 말하는 정보가 다른 곳에서도 쉽게 접할 수 있는 정보인지 확인을 해야 한다.

자, 이렇게 보니 이제는 확신이 들지 않는가. 이승주식 재테크 자동화 방법이 최고라고 말이다. 먼저 이승주 소장님께서는 15년간 자수성가 부자가 되기 위해 연구하고 개발 노하우를 집대성하셨던 분이다. 그리고 이 분의 시행착오는 『내 안의 요술램프를 깨워라』에도 잘 나와 있지만, 고시원에서 살며 길거리노점, 지하철 노점, 푸드트럭, 쇼핑몰, 뷰티, 차량용품 등 정말 많은 사업을 하면서 2년 만에 순수익 월 천만 원을 달성하신 분이다. 가난한 시골 촌사람에서 50만 원 들고 혼자 서울 올라와서 땅도 사고, 상가도 사고, 부모님 집도 사드리고, 한 달 생활비가 평균 몇천만 원이 들어가도 어려움이 전혀 없을 정도로 경제적 자유를 이루신 분이다.

그래서 자기가 직접 시행착오도 겪어보고, 많은 노하우를 알기에 이를 바탕으로 제자들을 가르친 결과, 자수성가 공부방 교육 후기를 보면 알 수 있듯이, 월 천만 원 이상 제자들을 많이 배출해 내셨다. 친히 0원짜리 통장을 공개함으로써 말이다. 그렇다고 가르쳐준 사람 중 잘 된 사람만 공개하는 것이 아닌, 컴맹, 직장인, 경력단절 여성 등 아무나 받아서 보여주면서 말이다.

그렇다고 아무나 신청받지 않는다. 요즘에는 다단계나 영업 등 리크루팅할 목적으로 오는 사람이 종종 있기에 정말 돈을 벌고 싶은 간절한 사람만 데리고 강의를 진행하신다. 보면 한국인들 특징 중 하나가 조급함은 앞서지만, 실행력은 많이 떨어진다는 것이다. 그래서 이승주 소장님께서는 항상 그 점을 우려하며 정말 꼭 도와주고 싶은 분들에게만 도와주고 계신다.

그러다 보니 자연스레 정보는 모든 사람에게 공유되는 것이 아닌, 이승주 소장님을 믿고 따르는 분들에게만 제공이 되니, 절대 다른 곳에서 쉽게 접할 수 없는 정보이다.

하지만 그런 분께서 만드신 창업 아이템이고, 자동화를 통한 재테크다. 그렇다면 따로 시간을 들일 필요 없기에 우리는 직장을 다니며 제1의 월급을 벌고, 재테크 자동화를 통해 제2의 월급을 버는 것과 같은 것이다. 자, 그렇다면 이게 한순간에 뿅 하고 만들어진 게 아니라는 것을 알 수 있지 않겠나. 몇 년에 걸쳐 구상하고, 계획해 왔다는 것을 말이다.

정말 힘든 시기라는 것을 안다. 삼성전자를 포함한 몇 회사들의 연봉은 동결되고, 실업자는 계속해서 늘어나는 불경기라는 것을 말이다. 하지만 역사상 불황이 아니었던 적이 있는가. 매년 좋지 않다는 말만 난무하는 세상 속에, 힘들다고는 한들 그중 돈 잘 버는 사람은 잘 벌고 있다. 반면 지금보다 호황기 때에도 가난한 사람은 존재했다는 것이다.

세상이 좋든 좋지 않든, 그럴 때일수록 그 상황에 안주에 있는 것이 아닌, 실마리를 찾아 나서야 한다. 사회 탓, 환경 탓을 하기에는 세상에는 부자들이 많지 않은가. 하지만 그 사람이 꼭 내가 되라는 법이 없지 않다. 그렇기에 만족하며 살아가는 삶이 아닌 좀 더 변화된 나를 상상하며 재테크 자동화를 통해 부를 창출해 나가자.

2

투자에 대한 오해&진실

투자는 위험하다? NO!

검증되지 않은 투자를 해서 그렇다

보통 10에 7~8명은 투자에 대한 오해를 가진 사람이 많다. 가장 많이 하는 오해는 '투자는 위험한 것이다.', '투자에 성공한 사람들은 단지 운이 좋았을 뿐이다.', '투자는 여윳돈이 있는 사람이나 하지, 돈이 없으면 저축이 가장 안전하고 좋다.'고 말이다.

하지만 이 말을 하는 대부분은 어설프게 투자해서 제대로 된 성과를 보지 못했던 사람이거나 투자에 대해 제대로 모르지만, 주변에서 실패한 것을 보고 위험한 것이라고 말하고 다니는 사람이 많을 것이다.

하지만 생각을 해보아라. 운이 좋아서 투자에 성공했다고 단정 지어서 말하면, 공부하고 노력해서 성과를 본 사람은 뭐가 되겠는가.

그리고 여윳돈이 있어야 투자를 한다는 사람은 여윳돈이라는 기준은 사람마다 다르겠지만, 여윳돈이 1억이라고 해보자. 하지만 10년 전 1억과 현재의 1억의 가치는 같을 수 있을까? 절대 아니다. 그렇게 일정 금액을 정하고 하게 된다면 투자는 절대 할 수 없다.

하지만 그럼에도 불구하고, 위험하다고 생각해서 투자를 꺼리는 사람이 있을 수 있다. 하지만 투자는 위험하지 않다. 그것은 검증되지 않은 방법을 통해, 투자해서 그렇다. 요즘에는 특히 주식이나 로또 관련 피해가 많이 발생한다. 보통 주식 같은 경우에는 문자나 카톡으로 '리딩만 참여해도 97% 이상은 수익을 보실 수 있습니다.'라고 말하면서, '최소 00% 수익률 보장', '종목적중률 00%'라고 자극적인 말로 많은 이들이 들어올 수 있도록 유도한다. 내 번호를 어떻게 알았는지 모를 정도로 정말 다양한 곳에서 말이다. 하지만 절대 속지 마라. 이런 것들은 객관적인 근거가 없는 허위, 과장 광고인 경우가 많다.

그리고 보장을 해준다고 했음에도 불구하고, 큰 마이너스를 보더라도 금융 위원회에 정식적으로 인허가 등록이 되지 않은 업체에 감독 당국의

심의를 거치지 않은 광고이기 때문에 지불한 투자금액을 제대로 돌려받기 어렵다. 하지만 여기서 끝나는 것이 아닌 고급정보나 더 높은 수익을 제공한다며 유료 회원(VIP) 가입을 요구하는 경우 역시 빈번히 발생하고 있다. 벌써 피해 상담 건수만 하더라도 16,500건(2020년 12월 기준)이 발생했고, 이 순간에도 계속해서 피해가 나타나고 있다.

그리고 로또 같은 경우는 새로운 방법으로 유인한다. 네이버에서 한 번쯤은 보았을 법한데, 선착순 100명에게 무료 번호를 제공해 준다고 하며 정보를 남기라고 한다. 그러면 무의식적으로 '무료니까 한 번 해볼까?' 하고 이름, 전화번호를 남기면 전화가 온다. 그리고 '무료로 받아보시면 5등 당첨되기도 힘드세요. 3등 이상 당첨되게 해드릴게요.'라면서 돈을 결제하라고 한다. 한 주만 사더라도 원금은 회수할 수 있다는 식으로 말이다. 그러나 결과는? 4등 당첨되면 다행이다.

그리고 6개월에서 1년이 지나면 다시 전화가 온다. '더 좋은 프로그램으로 돌려서 1~2등은 무조건 당첨되세요. 벌써 저번 주에도 1등이 3명 정도 되셨거든요.'라고 말이다. 하지만 결과는? 똑같다. 이렇게 자세히 알고 있는 이유도 다 해봤기 때문이다. 절대 믿지 마라. 지금도 주 2회씩 로또 번호가 오지만 2만 원 써서 5천 원 될 바엔 차라리 안 하는 게 낫다.

정말 세상에는 유익한 정보도 넘쳐나지만, 그만큼 광고성 정보도 넘쳐

난다. 쉬운 업무와 고수익을 올릴 수 있다는 가능성에 혹해 신중하지 못한 선택을 하도록 말이다. 그리고 "누구나 하루에 2~3시간만 일하면, 한 달에 200~300은 무조건 벌 수 있다." 따위의 과장 광고로 일자리를 알아보는 사람들을 꼬드기는 마케터들의 세 치 혀도 한몫할 수밖에 없다.

투자는 절대 100% 수익을 보장할 수 있는 것이 아니다

자, 투자는 절대 100% 수익을 보장할 수 있는 것이 아니다. 고수익을 약속하며 자금을 유치하거나 허위, 과장된 정보를 미끼로 부당한 이득을 취하는 특히 다단계 형식의 투자 설명회나 검증되지 않는 사업 홍보 등 정말 조심해야 한다.

투자라는 건 우리가 열심히 모은 소중한 자금을 가지고 하는 것인데 무턱대고 하기에는 너무 아깝지 않은가. 뭐든지 신중하고 검증된 정보를 가지고 투자해야 리스크를 줄일 수 있다. 뭐가 되었든 처음에는 운 좋게 이익이 발생할 수 있다. 하지만 그럴수록 더더욱 조심해야 한다. 사람 마음이 한번 수익이 발생하면 욕심이 나기 마련이다. '이번에 10만 원 땄는데, 더 많이 투자하면 더 많이 벌 수 있겠는걸.' 하면서 자금을 늘리고, 결국 다 넣게 되고, 그 후 끝없는 하락까지 맛보게 되는 것이다.

자, 그렇다고 여기서 투자는 확률 게임이니 안전하게 은행에 넣어야겠다고 생각할 수 있다. 하지만 가장 미련한 사람이 투자 없이 저축만 하는 사람이다.

이해하기 쉽게 투자를 야구에 빗대보면 알 수 있다. 야구를 처음 시작하는 초보는 날아오는 공마다 치려고 무조건 휘두르려고 한다. 그러다 삼진아웃으로 끝이 날 수 있다. 하지만 프로는 어떤가. 본인이 정말 잘 칠 수 있는 공, 본인에게 잘 맞는 공만 노려 홈런을 맛본다. 자 여기서 만약 야구를 잘하지 못한다고 그냥 가만히 보낸다면, 그거 역시 삼진아웃이다. 하지만 똑같은 삼진아웃이어도 시간이 지나면 다를 수밖에 없다. 그냥 가만히 있는 사람은 계속 그 자리에, 헛스윙이라도 휘두르려고 했던 사람은 점차 점수를 내며 홈런까지 갈 수 있으니 말이다.

투자는 절대 나쁜 것도 위험한 것도 아니다. 정말 믿을 만한지, 검증된 정보인지 확인하고 투자한다면 말이다. 투자는 전문가가 아닌 이상 실패를 맛볼 수 있는 건 당연하다. 그래서 공부하고 연습하며 수많은 시행착오를 겪는 것이고, 그래야 성장해 나갈 수는 있는 것이다. 하지만 우리는 혼자 하면 시간이 오래 걸릴 수밖에 없기 때문에 믿을 만한 멘토를 만나 투자를 배워야 한다.

그래서 당당히 말할 수 있는 게 '자수성가 공부방'이다. '가짜는 주장만

하고, 진짜는 증명한다.'라는 이승주 소장님의 말씀처럼, 수상을 통해 보

여주셨다.

(출처: 자수성가 공부방)

이처럼 '자수성가 공부방'을 운영하고 계신 이승주 소장님께서는, 15년 간의 자수성가 공부 지식과 10년간의 창업 및 투자 노하우와 경험으로 20대 업계 1위를 달성해 나갔고, 다년간의 경험을 공유해 간절히 자수성가 부자가 되고 싶은 사람들에게 도움을 주고 있는 분이다.

사람마다 경험과 실력은 다 다르기에 '나에게 맞는' 맞춤형 성공 방법으로 무조건 '창업이 좋다! 투자가 좋다!'가 아닌, 시대 상황이나 개개인에 따라 가장 효율적인 자수성가 방법으로 코칭을 해주시는 분이다.

보통 투자라고 하면 사람들이 생각하는 게 '다단계'이다. 윗사람은 가만히 있고, 회원을 유치해 나가며, 또 그 회원은 다른 회원을 가르치고 하면서 윗사람만 계속 이득을 취하게 되는 피라미드 형태를 말이다.

하지만 이승주 소장님께서는 다르다. 뭐든지 직접 해본 사람이 안다고 아무리 많은 것을 배우고 하더라도, 원조를 따라갈 순 없다. 그래서 소장님께서는 직접 하셨던 경험을 통해 습득한 노하우를 바탕으로 직접 교육하시고 양성해 나가고 계신다. 그리고 거기에 따른 결과 역시 자수성가 공부방 교육 후기를 통해 찾아볼 수 있으니 더 이상 말하지 않겠다.

중요한 것은, 투자는 절대 위험한 것이 아니다. 지금까지 실패하고 마이너스를 봤던 건 검증되지 않은 투자를 했기 때문이다. 늦지 않았다. 지금부터 내가 맞는 투자 방법을 통해 부를 창출해 나가자.

3

이승주 소장님의 재테크

연 투자 수익률 120%, 월 400%의 수익률의 기적!

'경제적자유연구소'를 운영하고 계신 이승주 소장님께서는 자수성가를
이루기 위해서는 반드시 재테크를 해야 한다고 귀에 닳도록 말씀하셨다.
하지만 재테크의 방법도 여러 가지인데 자신이 재테크 전문가라는 사람
이 많으니 선택에 있어서 쉽지 않다. 전문가 자격증은 있지만 실력이 없
는 사람, 전문가 자격증도 있고 실력도 있는 사람, 자격증은 없지만 실력
이 있는 사람으로 나눈다면 이렇게 3부류로 나눠진다. 하지만 문제는 세

상에 재테크 전문가라는 사람의 절반 이상은 자격증은 있지만 실력이 없는 사람이 많다는 것이다. '아예 없는 나보다는 자격증 있는 게 더 나으니까.', '자격증이 있다면 적어도 중간은 하겠지.'라는 생각으로 가면에 가려진 전문가에 속아 진정한 전문가를 찾지 못하는 불상사가 생기는 경우가 많다. 하지만 이승주 소장님께서는 고졸에 자격증 하나 없는 분이시다. 그렇지만 오로지 자수성가가 되기 위한 하나의 꿈을 가지고 이른 나이부터 재테크를 하셨다. 한 우물을 파면 그 분야에 전문가가 될 수 있다고 하지 않나. 비록 자격증은 없으시지만, 연 투자 수익률 120% 올렸던 투자 방법과 월 400%의 수익률을 낼 수 있었던 이승주 소장님의 재테크를 소개해 볼까 한다.

이 사진 많이 보셨을 것이다. 음식점이나 문방구에서 많이 보던 가위바위보 게임기(짱겜보)이다. 이승주 소장님께서는 이 게임기 하나로 연투자 수익률 120%를 올리셨다. 모르시는 분들을 위해 말씀드려 보자면 오락 기계에 100원짜리를 넣고 게임을 이기면 최고 2,000원까지 주는 게임기이다. 이승주 소장님께서는 당시 오락기기를 30만 원 주고 구매를 하셨는데 월 3만 원씩 꾸준히 수익을 내셨다고 한다. 매월 수금하러 가는 것을 제외하고는 자동으로 일 평균 1천 원씩 월 10%의 수익을 낸 것이다. 그렇다면 1년 기준으로 봤을 때 36만 원이기 때문에 투자금 대비 연수익률은 120%가 되는 것이다. 하지만 이것은 1대 기준으로 발생한 수익이기 때문에 1년에 1대씩 확장하게 된다면 1대당 수익률은 2배, 연 수익률 복리로 240%다. 만약 3억 정도 투자하게 된다면 1년이 지나면 대략 3억 6천이 벌리게 되니 대박 재테크라고 할 수 있지 않은가.

(출처: 자수성가 공부방)

하지만 지금 하려고 하는 사람이 있다면 아쉽게 다음 기회에다. 이 게임기가 유사수신행위를 위반한 것이고 기계 자체가 불법이라 지금은 할 수가 없다. 돈이 된다는 것을 알고 이승주 소장님을 따라서 기계를 산 사람들은 다 벌금을 물거나 징역살이를 하게 되니. 이래서 전문가에게 정

당한 대가를 주고 배워야지 어설프게 했다가는 망하게 되는 것이다. 세
상에는 거저 되는 일도 공것도 없다는 것을 반드시 알아야 한다.

(출처: 자수성가 공부방)

두 번째, 이승주 소장님께서 월 400%의 수익률을 낼 수 있었던 투자
방법은 모뎀이다. 투자금 대략 100만 원 가지고 모뎀으로 월 400만 원의
추가 소득을 낸 셈이다. 보통 사람들은 모뎀으로 어떻게 돈을 벌 수 있을
지 의아해할 수 있다. 나도 그랬다. 하지만 소장님께서는 모든 사람과 똑
같은 생각을 하는 것이 아닌 한층 더 나아가 생각하신 분이셨다. 소장님
께서 모뎀을 통해서 돈을 번 방법은 이랬다. 그 당시 품절이 되어서 시중

에서는 구할 수 없는 모뎀이 중고가로 대당 18만 원대에 거래가 되고 있던 것을 봤는데, 그와 똑같은 모뎀을 3~5만 원대에 팔고 있는 것을 보고 의문을 가지셨다. 알고 봤더니 3~5만 원 대하는 모뎀은 중요한 부품 하나가 없어서 쓸모가 없으니 그렇게 헐값에 나온 것인데 그 부품마저도 품절이 되어서 더 이상 구할 수 없는 제품이니 중고가로 개당 3만 원씩은 줘야 살 수 있다는 것을 말이다. 그래서 소장님께서는 그 모뎀에 대해서 한동안 공부를 해 나가셨고, 모 통신사에서 그 모뎀의 부품을 공짜로 받는 법을 알게 되셨다. 통신사에 전화 한 통만 하면 90만 원어치의 수십 개의 모뎀 부품들이 10원 한 푼 안 받고 집으로 배송이 되다 보니 소장님께서는 그 부품들을 개별적으로도 팔고, 그 부품이 없어서 3~5만 원 대로 값이 떨어진 모뎀들을 모조리 사서 모뎀에 끼워 18만 원짜리 모뎀으로 만든 것이다. 그래서 대당 마진 13~15만 원 모뎀이 된 것인데, 하루에 1대만 팔릴 때도 있었지만 수요가 많아서 하루에 수십 대가 팔릴 때도 있어 투자수익 월 400만 원을 가지게 된 것이다.

이거 역시 수익률만 따진다면 최고의 재테크가 될 수 있다. 하지만 문제는 시간이다.

소장님께서 100만 원을 가지고 투자해서 매달 순수익 400만 원을 벌어들이게 되었지만, 판매를 위해서 고객도 응대하고 상자 포장도 하고 택배 접수를 해야 했으며 계속해서 시간을 쓸 수밖에 없었다. 월 순수익률 400%라는 것을 얻었지만 그만큼 더 바빠지게 되었고 어느 날은 이 재테크를 위해 사업에 시간을 덜 투자해야 할 만큼의 리스크도 감수해야 했기에 더 이상 하지 않고 계신다.

이승주 소장님께서는 항상 말씀하신다. 투자에 있어서 시간이 들어간다면 그것은 사업의 영역이지 절대 투자가 아니라고.

이 2가지 방법은 소장님께서 20대 때 하셨던 재테크 방법이다. 그렇다면 더 나아가 지금까지도 자수성가 부자가 되기 위해 15년간 연구 개발 중이신데 얼마나 더 전문가이겠는가.

10,000시간의 법칙이 있다. 어떤 분야의 전문가가 되기 위해서는 최소 1만 시간의 훈련이 필요하다는 법칙이다. 소장님께서는 자수성가 부자가 되기 위해 모든 에너지와 정열을 투입하신 분이시다. 그렇기에 진정으로 자수성가가 되길 원한다면 자격증만 있고 실력이 없는 전문가가 아닌 한 우물이 강이 될 때까지 연구한 전문가를 찾기 바란다.

4

돈을 많이 벌면 적어도 불행하지 않다

어렸을 때부터 자주 나누던 이야깃거리 중 하나는 "내가 로또 1등 당첨 되면, ~할 거야."라는 말을 많이 한다. 그 이유는 무엇일까. 욕조에서 넘어져 죽을 확률보다 열 배는 더 희박하고, 벼락에 맞아 죽을 확률보다 2배나 더 힘든 814만분의 1의 확률로 1등이 당첨될 것을 바라고 말이다. 기획재정부에 따르면 2022년 복권 판매액은 6조 4,292억 원에 달하고, 한 주로 따진다면 로또 판매량은 약 1천억 원 정도 된다. 왜 우리는 희박한 확률 싸움에 돈을 들어 로또를 구매할까? 우리는 인생이나 투자에 있어서 정답은 없지만, 선호하는 것이 있다. 바로 '한 방'이다. 이유는 간단하다. 역전하고 싶기 때문이다. 우리는 세상을 살아가다 보면 참 '돈'이라는 게 삶의 많은 부분에 끼어든다. 어딜 가나 돈에 관한 이야기들이 넘쳐나고 사고의 중심에는 '돈'이 자리 잡고 있다. 특히나 우리나라는 더더욱 그렇다. 드라마 〈SKY캐슬〉을 본 적 있는가? 상위 계층으로 가면 갈수록 자녀 교육에 힘을 쓴다. 왜일까? 좋은 대학 좋은 회사에 취업하고자 하는 것들은 결국 돈을 많이 벌어 부자가 되고자 함에 있어 기초적인 준비 과정이기 때문이다.

자본주의 사회에 살고 있는 지금 우리에게 있어 돈은 중요하다. 알게 모르게 우리는 눈 뜨고 나서부터 눈 감을 때까지 다 돈이 든다. 한번 봐볼까? 일어나서 아침밥을 먹을 때, 누가 공짜로 밥을 차려주나. 요리해 먹는다면 그 재료값도 돈. 시켜 먹거나 사 먹는다고 해도 그것도 다 돈이다. 그리고 밥 먹고 씻고 이 닦는데 수도세, 전기세, 생활용품 비용이 나간다. 그런 다음 뭐 하는가. 옷을 입고 일하러 가지 않나. 그렇다면 그 옷은. 그리고 잠자는 공간은. 다 돈이다. 우리가 금수저로 태어나지 않은 이상 의식주 생활에 있어서 신경 쓰지 않을 수가 없다. 하지만 우리는 의식주만 해결할 정도가 아닌 많은 돈이 필요하다. 2023년 기준, 최저임금은 200만 원이다. 만약에 20대 미혼이라면, 월세에 살며 아껴먹고 아껴 쓴다면 충분히 가능할 수도 있다. 하지만 혼인을 앞두고 있거나 기혼이라면, 결혼하는 비용부터 양육비, 교육비는 어떻게 할 것인가. 그리고 아팠을 때 병원비는. 그 외에도 예상치 못한 큰돈이 나갈 수 있다. 우리가 지금 이 상황 속에서 만족하고 살아간다면 우리는 평생의 일의 노예로 살아갈 것이다. 한 번뿐인 인생 돈에만 시달리다가 죽을 것인가 아니면 가족들과 친구들과 여행도 다니고 맛있는 것도 먹고 즐길 것인가는 당신에게 달려 있다.

『돈의 심리학』에서 나온 한 구절이 있다. "내 시간을 내 뜻대로 쓸 수 있다는 게 돈이 주는 가장 큰 배당금이다."라고 말이다. 돈은 자유를 주고 선택을 할 수 있게 해준다. 누군가는 시간을 써서 돈을 벌고 있지만 누군가는 돈을 들여서 시간에서 자유로워진다. 돈도 중요하지만 그만큼 중요한 것은 시간이다. 회춘하고 싶어도 돌아가고 싶어도 돌아가지 못하는 것이 현실이다. 만약 돈은 넘쳐나는데 아파서 병실에 누워 있다고 한다면 이것은 과연 부자라고 볼 수 있을까? 절대 아니다. 우리가 추구해야 할 삶은 돈뿐만 아니라 시간적 여유를 갖는 것이다. 그렇기에 내가 '자유롭게' 살아가기 위해 '삶의 주도권'을 잡기 위해서라도 돈은 필요하다. 우리가 먹고 싶은 것이 있을 때 가격부터 보는 것이 아닌 가고 싶은 곳이 있다면 언제든지 갈 수 있는 자유를 가지고 말이다.

하지만 여기서 이견이 나올 수 있다. 그렇다면 돈이 많다면 무조건 행복하냐. 그건 아니다. 막대한 부를 이루고 엄청난 명성을 쌓아온 세계적인 스타들도 힘들어하는 순간은 있기 마련이기 때문에 돈이 행복을 100% 보장하지 못한다는 것은 맞다. 하지만 확실한 건 돈이 없다면 불행하다. 보통 부자들을 보고 하는 말이 "돈이 많은 게 전부가 아니야. 가난해도 행복해. 부자들은 서로 돈 때문에 매일같이 싸우잖아." 그렇다. 부자들은 돈을 놓고 많이 싸울 수 있다. 하지만 돈이 없다면 돈 때문에 더 싸우게 될 것이다. 생활비, 교육비, 경제적인 것들을 남들과 비교하여 더 티격태격하며, 괜히 남에게 아쉬운 소리를 하게 되고, 은근히 경제적인 차별을 당한다. 만약 내 부모님이나 배우자, 내 자식이 경제적인 부분으로 기가 죽거나 차별을 당한다면 마음이 어떤가. 가슴이 찢어지고 무너질 것이다. 안타까운 건 요즘 아이들을 학교에 보내면 친구들끼리 부모님의 경제력을 비교해서 서열화하는 경우도 많다. 예전에는 패딩점퍼 브랜드로 학생들끼리 계급을 만들기도 했는데 요즘에는 어디 아파트인지 만약 임대 아파트에 산다고 하면 따돌림감이 되는 것이다. 말고도 돈이 없어서 밥을 굶으며 죽어가는 사람에게 "돈이 전부가 아니야."라고 할 수 있을까? 추위를 이길 옷과 집이 없어서 죽어가는 사람에게 "돈이 전부가 아니야."라고 말할 수 있을까? '돈'이 없어서 생사의 갈림길에 선 이들에게 "그래도 행복해야지."라고 말하는 건 폭력이나 다름없는 것이다.

"돈이 많다고 무조건 행복한 것은 아니지만, 돈이 없다면 불행하다. 돈이 많다고 행복한 것은 아니지만, 행복한 사람은 돈이 많다."

우리는 돈이 많아서 무조건 행복하기보다는 돈이 있음으로 인해 고통이 사라졌기 때문에 고통 없이 불편함 없이 살아가는 일상이 있어서 행복한 것이다. 리타 대번포트도 말했다. 돈이 모든 것은 아니지만 인간에게 산소만큼 중요한 존재라고.

일확천금을 노려서는 안된다

그렇다면 우리는 로또 1등이라는 희박한 확률에 배팅을 걸어야 할까? 아니다. 쉽게 번 돈은 쉽게 나간다고 하지 않았나. 로또 1등이 됐다고 하면 부러운 건 사실이다. 하지만(모두가 그런 것은 아니지만) 대부분의 1등 당첨자는 그 돈을 담을 그릇이 되지 못한다. 『부자의 그릇』이라는 책에도 보면 "돈을 다루는 능력은 많이 다루는 경험을 통해서만 키울 수 있어. 이건 결론이야. 처음에는 작게, 그리고 점점 크게."라고 되어 있다. 냉정하게 말해서 우리가 50억을 손에 넣어보지 않은 상태에서 50억을 갖게 되어도 결국 모조리 나가버린다는 말이다. 그 예시로 2021년 KBS 방송에 27살에 로또 1등 당첨되어서 3년 만에 나타나 통장 잔액을 공개한 사례가 있다. 당시 1등 당첨금은 17억 원이었고, 이 중 33% 세금을 제하고 남은

12억을 본인의 통장으로 수령한 최 모 씨는 약속한 직장 동료에게 1억, 직장 사장에게 2억을 나눠주고, 부모님이 사시던 월셋집을 전셋집으로 바꿔드렸다. 그리고 부모님 전세보증금과 본인의 전세보증금, 학자금 대출을 통해 외제차를 구매하거나 해외여행을 다니는데 지출했다고 했다. 그렇게 1등 당첨 후 1년여 만에 12억 가까운 실수령액 중 상당 부분을 지출했는데 그렇게 살면 안 되겠다는 생각에 4~5억 가지고 카페를 차리게 되었지만 이내 코로나19 여파로 사정이 어려워서 망해버렸다는 소식이다. 물론 환경 탓도 있겠지만 결론적으로 통장 잔액 0원에 백수 처지가 된 최 모 씨는 다시 본업으로 복귀했다는 것이다. 그가 말하기를 '로또 당첨된 이후 내가 아무리 열심히 해도 17억이라는 돈을 벌 수 있을까?'라는 생각에 하던 일에 대한 '허무함'을 느껴 퇴사를 결정했지만, 그는 다시 과거로 돌아간다고 해도 마찬가지로 상황이 흘러갈 거라고 하였다.

이 사례에서도 볼 수 있듯이 사업 경험치가 전혀 없던 사람이 사업을 하게 된다면 당연히 능력 부족으로 망할 수밖에 없다. 경험도 없이 단순히 돈만 많다고 해서 경영에 뛰어든다면 다시 이전 생활로 돌아가는 건 부지기수다. 그렇게 사람 삶이 망가지게 되는 것이다. 로또는 그냥 재미에 그쳐야지 자칫 잘못하면 로또에 의지하는 삶을 살게 될 수도 있다.

우리에게 있어 돈은 중요하지만, 그렇다고 일확천금만 노려서는 절대로 안 된다.

돈과 시간을 아껴서 투자하며 부자가 된 사람과, 즐길 것은 다 즐기고 역전해서 부자가 된 사람은 현재로서는 같은 위치에 서 있는 것처럼 보여도 끝을 바라본다면 절대 둘은 같아질 수가 없다. 행복 역시 그렇다. 한순간에 많은 돈을 짊어졌다고 한들 그 행복이 오래 갈 수 있을까? 다른 사람은 몰라도 나는 절대 아니라고 본다.

세상에는 로또가 아닌 돈 버는 방법은 많다. 주식, 달러, 코인, 선물, 부동산 등등 말이다. 하지만 우리는 리스크가 두려워서 시도조차 하지 않는다. 나도 그 맘 안다. 주식으로도 많이 날려보고, 코인은 항상 파란불이며 소액부동산 투자를 했다가 원금 회수조차 못 했으니. 하지만 그런 나에게도 기회는 왔다. 그리고 그런 기회를 당신도 알았으면 좋겠다. 재테크할 돈이 부족해도 돈을 벌수 있는 방법을 알려주고, 창업 설명회 안내도 받아볼 수 있는 자수성가 공부방을 말이다. 나도 정말 많은 곳을 거치고 거쳐서 여기까지 오게 되었다. 절대 혼자 맨땅에 헤딩하지 마라. 고민한다고 해서 해결되는 문제가 아니다. 생각해본다고 해서 돈이 생기는 것이 아니다. 시기가 더 늦어지기 전에 검증된 멘토님과 함께 나아가 꼭 자수성가해 자유로운 삶을 살았으면 좋겠다.

5

재테크 자동화로 빠른 은퇴를 하라

언제까지 회사에서 을로 살 것인가?

직장을 다니고 있는 당신이라면, 재테크 자동화를 통해 빠른 은퇴를 하길 바란다.

매달 정해진 날에 들어오는 월급이라는 안정감, 직급이 높다면 그만큼의 대우, 회사라는 조직의 구성원으로 살아갈 수 있다는 이점도 분명히 있다. 하지만 아침에 눈을 떠 서둘러 출근하고 직장에서는 온갖 더러운 꼴을 다 견디고 얻은 결실이 바로 '월급'이다.

월급은 '나의 몸값'이기도 하지만, 어떻게 보면 내 인생의 한 달 동안을 바친 대가이기도 하다. 한 달에 한 번 300만 원, 500만 원 찍힌 마치 등급 도장이 찍혀 정육점에 매달린 돼지처럼 말이다.

결국 매달린 돼지는 소비자에 의해 값을 받고 팔리듯이, 그 어떠한 회사도 우리의 미래를 보장해 주지 않는다. 처음 입사하고 들어올 때는 그렇게 잘해줄 거처럼 대해주지만 시간이 지날수록 '잡은 물고기에게 먹이를 줄 필요가 없다.'라고 생각하는지 아니면 '네가 간다면 어딜 가겠니. 일할 수 있는 직장이 있다는 것에 감사하라.'라는 식으로 대하는 곳이 너무 많다.

회사가 잘 되든 잘되지 않든 항상 하는 말이 있다. "내년 경기가 안 좋다, 불황을 미리 대비하자." 등 위협적으로 강조하며 연봉 인상을 미리 봉쇄하려는 명분 쌓기 작업을 한다.

이런 상황에 "직원들의 풍요로운 삶을 위해 월급을 올립시다, 월급만으로 부족하니 성과급을 올려줍시다."라는 말만 들어도 기쁘겠지만 그런 회사는 존재하지 않는다.

우리는 회사의 을로 들어온 이상 회사의 맞춰진 틀 안에 놀아날 수밖에 없다. 이러다 보니 월급날이 지나 통장을 확인해보면 남은 것은 별로 없다. 카드값을 갚으려면 그저 다음 달에도 열심히 일해야 하는 굴레 속에 살아야 한다.

회사는 은퇴하면 끝이다. 내가 은퇴하면 회사는 빈틈이 생겨 주춤할 거 같지만 나 없이도 계속해서 굴러가는 게 회사다. 그리고 나의 자리는 자연스레 다른 사람으로 채워져 나간다. 우리는 그저 노동의 대가로 월급을 받고 회사는 우리의 소중한 시간을 산 것뿐이다.

이제는 생산자와 소비자의 관계를 벗어나 우리에게 주어진 소중한 시간을 남이 아닌 나에게 맞춘 주체적인 삶을 살아가야 한다.

이제는 더 이상 남이 아닌 나의 중점으로 '스트레스 없는 삶'을 말이다. 그래서 우리에게 필요한 것은 빠른 은퇴이다. 더 많은 것을 누리며 더 많은 것을 도전하며 말이다.

건강과 열정이 온전히 살아 있는 젊은 날, 하루라도 빠른 나이에 은퇴해 후회 없을 만큼의 경험을 할 수 있는 것이다. 일반적인 정년은 만 60세에서 5~10년 빨라지면 50대에 은퇴가 된다. 만약 10~20년 당겨지면 40대 은퇴가 되는 것이고, 20~25년 일찍 하면 30대에 은퇴가 될 것이다. 빠르면 빠를수록 새로운 도전들로 인생을 채울 수 있으며, 회사의 성공에 기여하기보다 좀 더 개인적인 의미와 행복한 시간으로 채울 수 있다.

그렇기에 40대 은퇴는 50대의 은퇴보다 나으며, 30대 은퇴는 40대보다 나을 것이다.

뭐가 되었든 빠르면 빠를수록 좋다. 은퇴 후에 삶은 지금의 삶과 비교가 안 될 정도로 행복할 테니 말이다. 만약 빠른 은퇴를 하게 된다면.

이제는 더 이상 자명종 소리에 깰 필요도 없고, 매일 여유롭게 커피 한 잔과 아침 식사를 즐기며 살아갈 수 있을 것이다.

이제는 더 이상 통근, 직장에 입고 갈 옷, 외식 같은 것에 돈 쓰는 것이 아닌 취미나 강의 등 여가 활동에 더 많은 시간을 보낼 수 있을 것이다.

이제는 그 누구에게도 내 삶의 주도권을 넘기지 않으며, 다른 사람을 탓하지 않으며, 나 자신만의 행복을 찾아 떠날 수 있을 것이다.

이제는 돈에 지배되는 것이 아닌 내가 돈을 지배해 나가며, 남에게 잘 보이기 위한 정장이나 유니폼을 입는 것이 아닌 나의 개인적 성취와 만족감을 위한 일을 찾아 나설 수 있을 것이다. 이제는 더 이상 가족이랑 있는 시간을 직장 때문에 억지로 빼앗길 필요가 없으며, 그 무엇보다 나와 내 가족의 건강, 행복, 안전을 우선시로 생각하며 살아갈 수 있을 것이다. 이제는 더 이상 근무지로 가기 위해 숨 막히는 지하철 출퇴근길에서 소중한 시간을 낭비할 필요가 없으며 남들이 일하고 있는 평일에 여유롭게 쉬거나 여행할 자유를 얻고, 그동안 시간이 없어 미루고만 있었던 버킷 리스트에 적어놓은 여행지를 향해 떠날 수 있는 것이다. 이제는 어떤 원대한 꿈이라도 당당히 이뤄낼 수 있는 삶을 살며, 어렸을 때 하기로 했던 모든 일을 이루는 것이다.

이제는 내가 옳다고 믿는 것들에 아낌없이 시간을 투자하고, 내가 원하지 않는 남의 꿈을 이루는 데 내 시간을 낭비하지 않으며 나의 삶과 가치에 집중하며 살아갈 수 있는 것이다. 이제는 더 이상 '돈이 안 된다.'라는 이유로 포기하지 않아도 되며, 투자하는 시간에 비해 벌이가 시원치 않는다는 이유로 마음 한편에 미뤄두었던 나의 펼쳐보지도 못한 꿈을 마음껏 도전할 수 있을 것이다. 이제 원하는 시기에 장기 휴가를 내거나 쉬면서 한 달이든 1년이든 긴 시간을 소중한 가족과 보내는 데에 투자할 수 있을 것이다.

당신은 은퇴를 원하고 있다!

자 어떤가. 생각만 해도 떨리고 설렌다면 당신은 지금 은퇴를 원하는 것이다. 지금 당장 그만두기는 어려워도, 다른 동료들보다 더 빨리 은퇴하면 되는 것이다. 바로 이승주식 재테크 자동화로 말이다.

월급은 한 달 인생의 대가이지만 언젠가는 끊길 소득이지만, 재테크 자동화는 내가 일을 굳이 하지 않아도 수익이 발생할 때마다 돈이 들어온다. 흔히 가수 장범준의 곡 〈벚꽃 엔딩〉을 두고 '벚꽃 연금'이라고 말하지 않는가. 매년 봄이면 벚꽃이 필 때마다 이 곡은 전국적으로 수많은 사람들이 듣고, 그에 따라오는 저작권료를 작곡자이자 가수인 장범준이 매년 수령하니 말이다. 재테크 자동화도 비슷하다. 내가 직접 일하지 않아도 수익이 발생하는데 벚꽃 엔딩 못지않은 연금 같은 존재 아닐까?

지금까지 먹고살고 가족을 건사하기 위해 경제적으로 분투하며 살아온 당신이라면, 이제는 더 이상 돈 때문에 힘들어 않았으면 좋겠다. 좋은 학벌에 좋은 대학 좋은 회사 나와서 성공하는 것만이 인생의 정답은 아니다. 성공하는 것보다 더 중요한 것은 잘사는 것이다. 얼마나 성공하느냐보다 어떻게 살아갈 것인가가 백 배 천 배는 더 중요하지 않겠는가.

하고 싶지 않은 일에 얽매이며 나보다는 남을 위해 살아온 당신이라면 이제는 진정으로 하고 싶은 일을 하며 가치 있는 삶을 살기 위해 노력해 나가자. 누구나 가능하다.

돈이 많은 금수저나 건물주만이 내일이라도 당장 일을 그만두고 자신의 꿈을 좇을 수 있다고 한다면 너무 억울하지 않겠는가. 그리고 똑똑한 머리와 경력이 중요했다면, 대학 교수들이 가장 투자를 잘해야 하는데 꼭 그렇지만은 않지 않은가. 투자는 절대 '1+1=2'가 되지 않는다.

우리는 단지 방법을 몰랐을 뿐이다. 충분히 하고 싶은 일을 하면서 돈 벌 수 있는 방법은 많다. 다만 이렇게 알려주더라도 살아왔던 방식 그대로 계속 살아가려는 사람이 있는가 하면 뭐라도 해보려고 하는 사람이 있을 것이다. 하지만 '실행력'이 없으면 아무것도 바뀌는 것은 없다. 단지 두려움 때문에 아무것도 하지 않는다면 나의 5년 뒤 10년 뒤의 모습은 지금과 별반 다를 것이 없을 것이다. 조금 오른 연봉과 직책을 제외하고 말이다.

선택은 본인의 몫이다. 임대료를 받는 건물주처럼 재테크 자동화로 돈이 들어올 수 있는 시스템을 만들어서 조기 은퇴로 나의 은퇴 후의 삶을 즐기며 살 것인가. 아니면 내가 하는 일을 정년 될 때까지 꾹 참으며 은퇴를 맞이할 것인가 말이다.

뭐가 되었든 시간은 동일하게 흘러가고, 입사가 있다면 은퇴는 맞이하게 될 것이다. 다만 자발적 은퇴가 될지 능동적 은퇴가 될지는 어떻게 하는가에 달려 있다.

부디 이 책을 읽는 당신은 한 번뿐인 인생을 다시 돌아오지 않을 시간을 낭비하지 말고, 재테크 자동화를 통해 변화된 인생을 살았으면 좋겠다.